广州市制造业质量发展指数研究

GUANGZHOU SHI ZHIZAOYE ZHILIANG FAZHAN ZHISHU YANJIU

刘 江 余洪斌 主编

·广州·

图书在版编目（CIP）数据

广州市制造业质量发展指数研究 / 刘江，余洪斌主编. —广州：华南理工大学出版社，2018. 10

ISBN 978-7-5623-5810-7

Ⅰ. ①广… Ⅱ. ①刘… ②余… Ⅲ. ①制造工业-质量管理-指数-研究-广州 Ⅳ. ①F426. 4

中国版本图书馆 CIP 数据核字（2018）第 226122 号

广州市制造业质量发展指数研究
刘 江 余洪斌 主编

出 版 人：卢家明
出版发行：华南理工大学出版社
（广州五山华南理工大学 17 号楼 邮编：510640）
http://www.scutpress.com.cn E-mail: scutc13@scut.edu.cn
营销部电话：020-87113487 87111048（传真）
策划编辑：吴翠微
责任编辑：张 楚 陈 蓉
印 刷 者：广州一龙印刷有限公司
开　　本：787mm×960mm 1/16 **印张：**6. 25 **字数：**106 千
版　　次：2018 年 10 月第 1 版 2018 年 10 月第 1 次印刷
定　　价：35. 00 元

编委会

前　言

制造业作为城市经济的主体和基础产业，其发展水平对城市经济的发展具有突出的带动作用和举足轻重的战略地位。随着国民经济发展进入新常态，经济增长方式由粗放型向集约型转变，质量的地位不断提升。制造业在成本、效率、质量三元要素的侧重选择上开始发生根本性转变，由以往的只注重成本与效率，转变为成本、效率、质量并重。参照世界先进工业国家的制造业发展历史，质量发展贯穿制造强国建设的全过程，先进工业国的制造业发展史就是一部不断改进、提升其产品质量的历史，而质量的水平决定一个国家或者区域制造业在整个产业链条中获得附加值的大小。因此，有效地评价一个国家或者地区的制造业质量发展水平，能科学衡量制造业转型升级、集群优化的发展需求，高效引导地方制造业实现可持续发展，准确把握制造业经济运行的客观规律，提高规划的科学性与合理性。

广东省是制造业大省，广州市作为整个广东省的政治经济文化交通中心，工业门类齐全，轻工业发达，重工业有一定基础。根据2017年广东省统计年鉴，全国共41个工业行业大类，广州市就有35个。汽车制造业、电子产品制造业和石油化工业是广州市的三大支柱产业，工业产值约占全市工业总产值的1/3。随着设备改进和技术提升，建材、医药、轻纺、食品等传统行业转型升级，以电子通信、家电、精细化工等行业领头的许多新兴产业及高科技产业快速增强，与传统产业两翼并进。本书的写作意图是通过对广州市制造业质量发展水平的研究，以质量为切入点，找到广州市制造业质量发展的瓶颈，对广州制造业发展的科学定位、发现发展重难点、找到发展的突破口有重要的指导意义；以广州为样本对制造业的质量发展水平进行研究，具有全面性和代表性，为落实质量发展战略的政策制定提供科学依据，为其他城市或地区的制造业质量发展水平评估提供借鉴。

本书以广州市制造业的现状为基础，通过文献调研，提出广州市制造业质量发展水平的评估模型，并形成指标体系。重点围绕产品实物质量、市场表现与消费者感受、质量管理水平和质量创新能力予以系统的理论阐述。本书的理论阐述尽可能做到浅显易懂，方法的描述力求深入浅出，并附上计算过程实例，以便读者阅读与学习。

本书的编写共花费了一年的时间，其间得到了广州市质量技术监督局等部门以及诸多专家、质量工作者的大力支持。还有很多单位为本书撰写提供了指导和帮助，在此一并表示衷心感谢！

由于作者研究水平有限，书中难免出现不当和错漏之处，敬请各位读者批评指正。

作者

2018 年 3 月于广州

目 录

第一章 /
理论基础与相关研究

第一节　质量及质量发展的概念

一、质量的概念

随着社会经济的发展和科学技术的进步，质量的概念在不断更新、充实、深化和完善，它是动态发展的。同样，人们对它的认识也是一个由浅到深、不断发展和深化的历史过程。目前具有代表性的质量概念有以下几类。

1. 朱兰对产品质量的定义

著名的美国质量管理专家约瑟夫·M. 朱兰（Joseph M. Juran，2003）博士以顾客的角度为切入点，创新性地提出了产品质量的定义，其认为产品质量就是产品的适用性，即产品的功能是否能够满足用户的需求。适用是用户对产品的基本要求，因此适用性能合适恰当地表达质量的内涵。

2. 其他美国质量专家对质量的定义

质量管理专家菲利浦·克劳斯比（Philip Crosby）对质量的定义是“产品符合规定要求的程度”；质量管理大师彼得·F. 德鲁克（Peter F. Drucker）曾说：“质量就是满足需求”；阿曼德·V. 菲根堡姆（Armand V. Feigenbaum）是全面质量控制的创始人，他认为“产品或服务的质量是指营销、设计、制造、维修中各种特性的综合体”。

3. ISO 8402—1994 中“与质量有关的术语”的对“质量”的定义

质量是反映实体满足明确或隐含需求能力的特性总和。

（1）在合同环境中，需求是规定的，而在其他环境中，隐含需求则应加以识别和确定。

（2）在许多情况下，由于需求会随时间而改变，因此需要定期修改规范。

从以上可知：从市场占有角度出发，企业想要占领市场，需要根据客户使用所需，生产相关产品；而从企业内部的角度出发，企业又必须生产符合质量特征和特性指标的产品。所以，企业不仅需要研究“适用性”质量，还需要研究“符合性”质量。

4. ISO 9000:2000 中对“质量”的定义

国际标准化组织（ISO）在2000年颁布的ISO 9000:2000《质量管理体系：基础和术语》中对“质量”的定义是：一组固有特性满足要求的程度。可以从以下几个方面来理解上述定义。

（1）质量的载体是没有界定的，即不同领域或任何事物均可以作为质量的载体，广泛存在于世界万物中。质量的载体有以下三种：①产品——过程的结果（如硬件、流程性材料、软件和服务），也包括了过程和体系或者它们的组合；②生产活动的工作质量；③企业的信誉、体系的有效性。

（2）“特性”是指事物所特有的品行、品质。固有特性是事物或产品本身就拥有的，尤其是自身自带的永久特性，也包括产品、过程或体系经过设计和开发后形成的属性，这些固有特性的要求大多是可测量的，如物质特性、感官特性等。因此，提高质量也就是提高固有特性满足要求的程度。

（3）好的质量或优秀的质量表现在能够全面满足明示的、通常隐含的或必须履行的需求和期望。

（4）顾客和其他相关方对产品、体系或过程的质量要求不是一成不变的，它是动态的、发展的和变化的。它将随着时间、地点、环境的变化而变化。所以，只有定期评审产品、体系或过程的质量，按照变化的需要和期望对其进行修订，才能确保持续地满足顾客和其他相关方的要求。

（5）“质量”通常用形容词如差、好或优秀等来表达。质量的载体范围很广，不仅包括产品质量，工作质量也属于载体范畴。管好产品本身的质量是基础，工作质量是重点，且为重中之重。

二、质量发展的概念

《质量发展纲要（2011—2020年）》（以下简称《纲要》）首次从国家政策层面提及“质量发展”概念，指出要从发展的基础与环境、发展目标、发展主体、发展机制等角度促进“质量发展”，将“质量发展”战略上升到国家政策层面。在《纲要》中，“质量发展”包含三层含义：一是质量水平的不断提升；二是质量要素的不断优化；三是质量效能的不断增强，包括通过质量发展来促进经济发展与社会发展两个方面。《纲要》是在“贯彻落实科学发展观，促进经济发展方式转变，提高我国质量总体水平，实现经济社会又好又快发展”这一宏观经济发展背景下，提出“质量发展”概念，是新形势下从“质量”的角度对“科学发展”进行的新诠释。

总的来说，质量发展水平是指一个地区质量发展的规模、速度和所达到的水准，是衡量质量发展状态、潜力的重要标志。

第二节 质量发展与经济关系的研究

一、国内外研究综述

1977 年，苏联经济学家卡马耶夫撰写并出版了《经济增长的速度和质量》，书中强调了质量对经济增长的作用。首先，卡马耶夫提出了他对社会经济结构经济增长的观点，他的理解是“物质生产资源变化过程的总和，以及由此增加的产品数量和提高的产品质量”，并强调“在经济增长这个概念中，不仅包括生产资源的增加和生产量的增长，而且也应该包括产品质量的提高、生产资料效率的提高和消费品的消费效果的增长”。

质量管理专家朱兰（Joseph M. Juran，1988）认为：产品质量在提高经济效益过程中具有巨大潜力。朱兰主要站在企业微观的角度，解释了产品质量提升在企业效益提升过程中的作用。

20 世纪 70 年代，著名的日本质量管理专家田口玄一博士（Taguchi Genichi，1979）提出了田口质量理论。田口质量理论核心是将质量和经济性紧密地联系在一起，这种联系用质量损失函数来表示，所以质量损失函数是田口质量理论的一个重要内容。他提出了将产品质量与产品上市后给社会造成的损失联系起来，认为社会损失的大小就直接反映了质量的高低。因此，同为合格品，上市后给社会造成的损失小的产品，它的质量就高。

20世纪80年代中期，以罗默和卢卡斯为代表的“新增长理论”出现。在新经济增长理论当中，产品质量升级增长理论是比较具有创新性和代表性的。它的主要理念是产品数量的持续增加和产品质量的不断提高在经济增长的过程中发挥举足轻重的作用。需要考察造成产品质量升级的原因来说明产品质量升级所带来的经济增长。新经济增长理论认为，产品质量升级与产品品种增加性质相同，都是由于经济行为主体为追求利润最大化而不断进行技术创新的结果。产品质量升级增长理论中有两个代表性的学派。

①产品质量升级理论。创新和模仿能促进技术进步，都是厂商追求利润最大化并进行意愿投资的结果。赛格斯特罗姆（Segerstrom，1990）等在创新和模仿活动发生在同一国的不同厂商的假设下解释产品质量升级；格罗斯曼和赫尔普曼（Grossman & Helpman，1991）假设创新和模仿在发达国家与发展中国家都有发生，其建立的产品质量升级型经济增长模型认为，产品质量的提高是技术进步的表现，同时技术进步是一个创造性破坏过程，结果是不断淘汰旧产品。虽然这是两个不同的假设，但并无本质的差异。创新和模仿存在一种正反馈的关系，二者相互影响：廉价的创新使模仿率上升，廉价的模仿使创新率上升。由于创新是模仿的前提和基础，模仿反过来又刺激创新，因此，政府向创新提供补贴将同时提高创新水平和模仿率。

②阿格亨—豪伊特模型。上述的赛格斯特罗姆模型、格罗斯曼—赫尔普曼模型假设的是经济中存在若干部门，每一次体现为质量提升的技术进步只能提高单一部门的生产力水平。与这些模型不同的是，阿格亨和豪伊特（Philippe Aghion & Peter Howitt，1992）分析了技术进步对整个经济产生的影响，从而较好地体现了熊彼特的创造性破坏思想①。在阿格亨—豪伊特模型中，经济周期与经济增长是十分紧密、不可分割的，它们都是创新的结果，都能推动技术进步。在阿格亨—豪伊特模型中，经济的动态均

① 熊彼特的创造性破坏思想：当景气循环到谷底的同时也是某些企业家不得不考虑退出市场或是另一些企业家必须要“创新”以求生存的时候。只要将多余的竞争者筛除或是有一些成功的“创新”产生，便会使景气提升、生产效率提高，但是当某一产业重新变得有利可图，它又会吸引新的竞争者投入，然后又是一次利润递减的过程，回到之前的状态。

衡的表现可能是平衡增长路径和非增长陷阱。当经济处于平衡增长路径时，提高研究生产率并不一定能提高经济增长率，因为创新具有破坏效应，会加大其他研究产品遭淘汰的可能性，因此可能抑制经济增长。经济均衡增长率（使储蓄全部转化为投资所需要的产出增长率）与社会最优增长率（资源最优分配和利用时的劳动生产率）孰高孰低，取决于这两股相反力量哪一方在博弈中胜利。在阿格亨—豪伊特模型中，适宜性效应（投资条件适宜）和技术溢出效应①使社会最优增长率高于经济均衡增长率，而商业偷窃效应（引入一种新产品将使得消费者从其他厂商转移到该厂商消费新产品）和垄断扭曲效应（垄断的资源配置扭曲了资源的合理配置）的效果使经济均衡增长率高于社会最优增长率。

产品质量升级增长理论的核心思想是把技术进步当作经济增长的唯一来源，技术进步代表质量提高。产品质量升级经济增长模型突破了“传统经济增长等同于产品数量增加”的思路，认为经济增长过程中应该不断淘汰旧产品，它要求企业不应单方面追求经济增长率指标上升，而应通过制定和实施经济政策使经济增长率达到一个合理值，使经济福利最大化。

马小平（2008）等的研究指出宏观质量指数与 GDP 有很大的关联性，质量指数的上升将推动 GDP 的增长。毛帅（2013）假设城市工业产品质量的提升与城市经济增长呈正相关关系，通过验证后指出，资本要素对经济的贡献率达到 49.93%，劳动贡献率为 20.58%，工业产品质量贡献率为 29.48%。程虹（2014）证明了微观产品质量对于宏观经济增长质量与表征经济增长质量存在正相关关系，初步验证了可以通过提高微观产品质量实现宏观经济增长质量的提升。国内学者研究表明，质量对经济增长的贡献是客观存在的。事实上，质量和质量管理能促进经济高水平发展。质量管理学科的建立与发展、全球质量奖评审的盛行、我国对质量管理与卓越绩效的推行等，都说明了质量和质量管理在经济发展中的不可替代性。

朱兰的研究证明质量提升可带来企业的可持续发展，田口玄一论证了质量与社会损失直接的关系，以及产品质量升级增长理论中“质量持续提高的技术进步是经济增长的源泉”，马小平提出“质量指数的上升将推动

---

① 技术溢出效应指的是跨国公司在东道国实施国际直接投资，引起当地技术或生产力的进步，而跨国公司无法获取其中全部收益的一种经济外部效应。

GDP 的增长”，毛帅论证了城市工业产品质量的提升与城市经济增长呈正相关关系，程虹初步验证了可以通过提高微观产品质量实现宏观经济增长质量的提升，以上学者的研究成果都论证了质量提升对经济发展的深刻影响。

二、质量的特征

有效配置生产要素能提高生产质量，质量的持续提升是科技不断进步的表现。从促进经济增长的要素角度而言，质量、劳动力和资金是三个独立的、不可替代的生产力要素，都可以促进经济增长。资金要素要实现提高经济的增长，需要依赖于产品质量的提升，而增加资金投入改良技术，又能实现质量提升，因此资金与质量在促进经济增长方面是相辅相成的。劳动力是体现和形成质量的充分条件，而由质量提升为动力所推动的工艺进步反过来又能大大提高劳动者的劳动效率，实现经济增长。因此，劳动力与质量在促进经济增长方面也是相辅相成的。

1. 质量是科技进步的表现形式

第一，狭义的科技进步完全体现于生产过程，表现为生产出高质量的产品。

“狭义的科技进步”通常被称为生产技术或“硬技术”，因为技术一般存在于生产过程之中。内容仅包括新的自然科学技术（包括新产品和新技术）的出现及其在实际生产中的成功应用。狭义的科技进步一般表现为：产品品种增加、产品技术更新、产品质量升级。所以，狭义的科技进步完全体现于生产过程，表现形式为生产出高质量的产品。

全面质量管理的思想认为首先需要市场调研，然后合理控制整个生产过程，最终生产出满足消费者需求的产品，才能实现产品质量的提升。可见，狭义的科技进步中，产品更新换代、产品质量升级、产品品种增加，都会通过质量表现出来。科技进步带来的知识积累要想转化为生产力，同样需要通过生产比知识积累前更优质的商品来实现。

第二，新经济增长理论指出：经济增长是数量的增加和质量的提高过程。

新经济增长理论认为：经济增长时，技术进步可以表现为产品质量升级、产品的更新换代和品种增加等多种形式。现实中，作为投入要素，技术进步在经济增长过程中的作用是与其他要素结合在一起的。目前无法直接计算技术进步对经济增长所贡献的具体数值，所以经常采用“余值法”。西方的经济学家们在研究各国的经济增长率差异时发现：科技进步对经济增长的作用更多地体现在产品质量不断提高所带动的经济增长上。

第三，质量升级型经济增长模型指出：技术进步的表现为质量的不断提高。

质量升级型经济增长模型的核心内容是：技术进步是经济增长的动力，并且技术进步的表现形式为质量的持续提高。这个模型指出，在经济增长的过程中，旧产品将持续被质量更高的产品替代。在质量升级型经济增长模型的核心理论——格罗斯曼和赫尔普曼（Grossman & Helpman，1991）的产品质量升级理论中也明确指出：技术进步是一个创造性的破坏过程，表现为每一种产品质量的提高。

2. 质量的提升是技术进步与管理提升的总和

“广义的科技进步”所包含的范围更为广泛，其通常被称为“软技术进步”。在产出增长分析中，“科技进步”是生产中由于劳动力和资金投入增长所贡献的份额扣除后剩下的所有“其他生产要素”贡献份额之和的统称。

软技术进步的内容包括：①重新合理配置人力、技术、资金等生产要素资源；②新经济体制的制定和推行；③制定新的方针政策并实施；④组织架构和管理方式的改变；⑤新决策方法及新观念的应用；⑥旧政治体制的改革；⑦新市场的开拓；⑧提高人们积极性的新的分配制度和政策的应用水平；等。

而这些软技术进步的内容又恰恰与在全面质量管理基础上发展起来的卓越绩效评价内容吻合。研究者和实业界对质量的认识，从早期的事前控制到事后控制，再到统计控制和全面质量管理以及卓越绩效思想，质量的概念已经越来越饱满。在GB/T 19000—2000和GB/T 19580—2004中，明确指出卓越绩效的评价内容包括顾客与市场、资源、领导、战略、过程管理、测量分析与改进及经营结果。

国内学者刘海英（2005）认为：“产品质量水平是经济系统内的技术水平和管理水平的标志”。

综上所述，我们可以得出结论：质量是科技进步的表现形式，质量的提升包括技术进步的支撑和管理水平的提升。

三、质量发展对经济的影响机理

毛帅（2013）指出，工业产品质量作为一个具有生产力特征的要素，从四个方面影响着经济增长与经济发展，同时，又有三个外在表现，如图 1－1 所示。

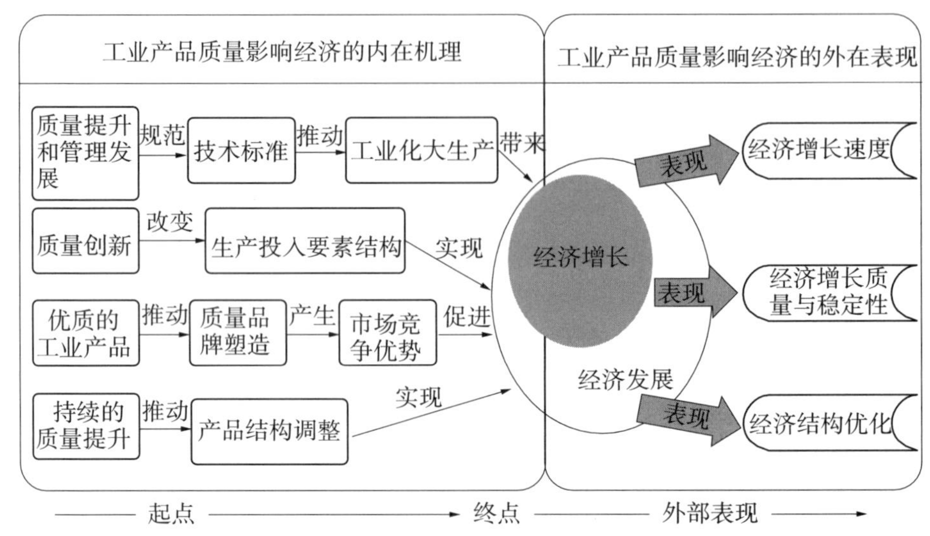

图 1－1　质量发展对经济的影响机理示意图

由上图可知，从质量影响经济的内在机理来说，工业产品质量提升从四个方面作用于经济发展：第一，质量的提升和管理的发展能规范技术标准，技术标准的推广与运用促进工业化大生产，从而带来经济增长；第二，质量创新将改变生产投入要素的结构，然后促进产业和经济发展；第三，优质的工业产品推动质量品牌的塑造，品牌的塑造使地区和产业获得市场竞争优势，从而实现地区和产业的持续经济增长；第四，持续的工业产品质量提升推动了产业结构合理化以及高级化调整，从而促进经济发展。

从工业产品质量影响经济的外在表现来说，主要体现在三个方面：第一，工业产品质量影响经济的增长速度；第二，工业产品质量影响经济的增长质量与经济的稳定性；第三，工业产品质量影响经济结构的优化。

由此可见，工业产品质量对经济增长与发展的影响是不可置否的，工业产品质量的提升将带来经济的增长，经济增长和质量提升之间存在着正相关关系。

第二章 /

制造业质量发展指数研究现状

第一节 质量指数研究现状

一、国外质量指数研究现状

国外学者对质量指数化进行了大量研究，微观方面从企业层次出发，构建了基于特定领域的指标体系以及模型。博蒙特和利拜兹威斯克（Beaumont & Libiszewski，1993）探索了在医药行业以及其他健康服务领域的质量指数模型应用。拜跟巴尔和沃兹麦斯特（Bergenbahl & Wachtmeiser，1993）通过研究一家瑞士电信公司的实际案例，建立了全面质量指数（Total Quality Index，TQI）模型并进行了测量。该全面质量指数包含绝对指标与测量指标共 36 个核心的评价指标，并计算了指标的权重，用于衡量该指标对于公司质量目标发挥作用的程度。恩纽等（Ennew，1993）通过研究银行业服务质量，提出用于测量金融服务质量的指标体系与评价准则，为金融行业评估服务水平提供了框架。安德森（Anderson，2000）和布莱卡（Brecka，1994）通过分析美国顾客满意度指数（American customer satisfaction index，ACSI），测定了顾客满意度与企业财务业绩之间的联系，ACSI 利用计量经济学模型测量了顾客对公司、政府部门的产品和服务质量的主观感受，测量对象包括美国经济中的 7 个部门、40 个行业和超过 200 家单个公司和组织。

宏观方面的研究在满意度指数方面取得了显著成果。胡圣等（Stein-Hudson，1995）指出 ACSI 模型侧重于评价消费领域的顾客满意度，通过 ACSI 可以度量人们在购买饮食、行为、出行以及其他消费活动方面的满意度。ACSI 能够汇总到国家级别，但是其汇总方式是汇总微观的具体产品和服务质量，存在一定的局限性。埃利斯和柯蒂斯（Ellis and Curtis，1995）提出了一个包括技术水平、应激能力、质量水平以及部分可靠性因素的顾客满意度指数。亚历山大（Alexander，1996）研究了美国缅因州的服务质量指数（Service Quality Index，SQI），该服务质量指数指标体系包含3项顾客服务指标、4项顾客满意度指标和5项服务可靠性指标。罗尔和奥（Low & Aw，1997）建立了人类发展指数（Human Development Index，HDI），用于测量国民生活质量。他提出该指数主要用于评估生活质量，亦可间接评估劳动力的生产力水平。库姆尔等（2002）提出了用于测量组织全面质量管理实施效果的质量发展指数（Quality Competitiveness Index，QCI）模型，它包括质量要素、部门与职能单元和质量意识发展阶段这3类指标。法格尔拜格（Fagerberg，2000）、布拉斯特和格瑞拉（Brust & Gryna，2001）、多明戈（Domingo，2002）等的研究为质量指数的研究向更高层次推进提供了方向。其中，法格尔拜格在研究欧洲经济增长的衰减问题时，提出让中小企业得以生存并发展的关键因素是创新能力和质量水平；布拉斯特和格瑞拉基于质量与竞争力的关系提出了一个质量发展水平分析框架，包括5个关键因素，分别是出口方面的竞争优势、国际贸易逆差、经济增长、生产力与顾客满意度、标准化，通过对这一框架的研究，将质量发展水平的测量提升到了宏观层面；多明戈认为经济发展源于质量的发展，并且质量发展水平能真实反映经济发展的水平。

二、国内质量指数研究现状

在国内，关于制造业质量发展的研究中，最具影响力的是全国制造业质量竞争力指数，该指数是由国家质检总局于2005年公布提出，主要对国家各分类制造业质量竞争力进行比较。比较层级分别为行业层级和省层级。受到我国特殊国情的影响，指标体系中的部分指标为我国特有，因此不具备与国外进行比较的可能性。同时该指标采用了上升封顶的指数设计系统，无法预测未来趋势。

国内对于质量竞争力的研究学者有毛帅、程虹、刘光明、李菲等人。其中，毛帅（2013）通过研究我国工业企业质量竞争力指数体系，构建了单个企业质量竞争力指数指标体系；程虹（2013）则通过研究我国的宏观质量，探讨并建立了基于消费者感知的宏观质量分析模型；刘光明等（2013）研究了企业质量管理与国家质量竞争力之间的关系，针对质量竞争力评价方法方面提出了提升质量竞争力的关键点和思路。而在质量竞争力具体评价指标方面，李菲等（2006）则将显性指标分为绝对竞争力与相对竞争力，其中显性指标为制造业增加值、国际市场占有率，而相对竞争力为比较优势指数、贸易竞争优势指数；马小平（2008）构建了江苏省宏观质量竞争力评价指标体系，并指出应加入企业利润率等效益指标，同时还应考虑知名品牌的质量效应；李应振等（2011）通过对1998—2009年国内33个工业行业数据的实证分析，发现了劳动生产率与贸易竞争力之间存在显著关系。具体汇总见表2-1。

表2-1 国内质量指数研究现状汇总

研究者/机构	指标模型	研究目的	测量指标	指标解释
国家质检总局	全国制造业质量竞争力指数	测量我国各分类制造业质量竞争力水平	1. 质量水平 2. 发展能力	反映了我国各分类制造业质量竞争力水平与总体质量竞争力水平，但部分指标缺少国内外对比与预测的作用
毛帅	工业企业质量竞争力指数	衡量单个企业质量竞争力指数	1. 质量发展基础 2. 标准技术水平 3. 质量安全状况 4. 质量绩效水平	用于分析微观企业层面质量竞争力，但对于宏观层面的研究有所欠缺
刘光明等	企业质量竞争力整合模型	研究企业质量管理与国家质量竞争力的关系	/	研究企业层面质量管理水平对于国家层面质量竞争力的影响，但缺少定量模型分析
程虹	宏观质量分析模型	构建基于消费者感知情况的宏观质量分析模型	1. 总体特征 2. 结构特征 3. 制度设计 4. 质量主体	将消费者感知纳入宏观质量模型的考量，但局限于区域宏观质量模型研究

续表 2－1

研究者/机构	指标模型	研究目的	测量指标	指标解释
李菲等	/	分析国际制造业竞争力显性指标的选择	1. 绝对竞争力 2. 相对竞争力	为分析中国制造业国际竞争力指标选取提供了参考依据
李应振等	/	研究劳动生产率与贸易竞争力之间的关系	1. 劳动生产率 2. 贸易竞争力	验证了劳动生产率与贸易竞争力之间的关系，为指标选取提供了参考依据
马小平	江苏省宏观质量竞争力评价指标体系	建立省级宏观质量竞争力评价指标体系	1. 产品实物质量 2. 产品技术水平 3. 产品市场竞争能力 4. 市场环境保证能力	建立了省级宏观质量竞争力评价指标体系，为更高级别的宏观指标体系选取提供了参考依据

第二节 宏观质量评价研究现状

宏观质量评价是对一个国家或地区经济和社会的综合评价，包含了对于宏观质量进行评价的基本思路与方法。人类发展指数（HDI）是由联合国每年公布的指数，实际上是对一个国家或区域发展质量的全面评估，包括了经济发展水平，教育和预期寿命三个方面的指标。该指数是一个排名评价指数，是对国家或地区发展质量进行评价排名的一个重要的发展指数。类似的指数还有经济合作与发展组织（OECD）发布的居民幸福指数，该指数的衡量标准包括了工作、收入、工作生活平衡、健康、教育、社区、公民参与、生活满意度、住房、安全等。除此之外，不丹的国家幸福评估体系和英国的国内发展指数（MDP）虽不是直接反映质量的评价指标，但它们综合评估了宏观经济质量，强调社会发展结果必须满足人们的需要。根据这些评价方法，中国也进行了一些尝试，如广东省首次公布的幸福指数，其中包括经济、社会、政府治理、环境等指标。

对于宏观质量的测量与评价问题，国内外都有大量的学者参与研究。具体可以总结为以下几个方面。

一、具体的宏观质量评价

世界银行专家托马斯（托马斯等，2001）在《增长的质量》一书中提出了评估一个国家经济增长质量主要内容包括三个角度，分别为人类发展、收入增长和环境可持续性；而由瑞士的洛桑管理学院公布的年度全球竞争力报告则提供了一个国家的总体质量水平的定量评估和排名，包括基础设施、宏观经济稳定情况和体制等 12 个指标。经济学家马罗（Barro，2001）评价一个国家的经济增长质量时，将政治制度、预期寿命、生育率、收入不平等和环境条件等作为指标进行评价。Bils & Klenow（2000）提出了一种特别的测量产品质量的方法，将单位价格增长分解为质量增长成分和通货膨胀成分（即一般价格上涨因素），建立度量模型。我国的研究机构和研究人员也设计出了一系列关于经济和社会质量的评价体系，如国家统计局编制的绿色 GDP 指数，依据可持续发展理论，从环境中扣除 GDP 成本反映经济发展可持续性的经济质量指数。牛文元（2011）从三个方面评估了 GDP 的质量，分别是自然资本、社会资本和行政资本。任保平、钞小静等（2012）主要从经济结构、稳定性和生态环境成本等角度评价经济增长质量。上海质量科学研究院提出了由 2 个二级指标（质量水平和开发能力），6 个三级指标（标准技术水平、质量管理水平、质量监督检验水平、技术改造能力、核心技术能力和市场适应性）和 12 个指标评估区域组成的质量竞争力水平指数。

二、生活质量评价

宏观质量评价的核心是关注人的感受，生活质量评价也是一个区域宏观质量评价的重要组成内容。对生活质量的关注来源于 GDP 等不能全面评价整体社会福利的经济类指标，而生活质量主要反映人们享有福利的“非物质”指标。通常有两种方法来衡量生活质量，一是客观生活质量指标，也称为斯堪的纳维亚方法，包括预期寿命、教育水平和医疗服务水平等；

另一种是主观生活质量评估方法，强调幸福感的主观报告，如美国生活质量评估方法（Noll，2004；Easterlin & Angelescu，2009）。周长城（2006）从主观层面构建了中国的生活质量指数，它的指标包括工作条件、家庭和社会生活、健康、商品、休闲娱乐和自我发展、服务的购买和消费、公共政策和公共服务。Wang Z & Li Q（2011）从收入、消费、健康、科学和教育、社会保障、污染治理率和文化生活等方面对中国的主观生活质量进行了评估。

三、顾客满意度评价

顾客对产品或服务的满意程度被称为顾客满意度，顾客感知质量和顾客期望之间的比较是顾客满意度计算结果的基础（Fornell，1992）。顾客满意度评估对公司或行业的市场分析意义重大，产品或服务战略的改善是基于对顾客的满意度和产品质量的评估；后来，宏观质量的评估也采用顾客满意度的评价方法，例如 Fornell（1996）采用结构方程方法构建了美国顾客满意度指数。不同行业之间比较和汇总的唯一方式是利用顾客满意度指数，强调整体满意度是其最大的特点，与其类似的还有欧洲顾客满意度指数。顾客满意度作为一个国家的经济的晴雨表，在宏观质量评价指数中，被赋予更多的意义。它已被证明与经济增长有积极的关系（Frank & Enkawa，2008；Fornell，Mithas & Morgeson et al.，2008）。因此，顾客满意度更多承担了宏观质量评价的作用，已成为评价宏观质量的主要方式。

四、现行评价方法的发展趋势

由于研究视角不同，现有的评价方法的侧重点稍有差异，但这些方法对经济社会发展质量的评价也可以反映人们不同方面的生活质量水平。同时，现有的评价方法的发展方向呈现一定程度的规律性和趋势，主要表现在以下几个方面。

（1）以人为本的概念越来越重要。人们的主观感受是宏观质量和生活质量的重点评价对象。顾客满意度评价直接度量人们的心理感受程度，它依据各种宏观经济质量评价指标，如以人类发展作为核心的 HDI（人类发展指数）、HPI（人类贫困指数）、MDP（国内发展指数）等，因此，从质量的感知方获得评价数据是越来越多的评价方法的侧重点。

（2）定量分析越来越受到重视。质量是一个相对的概念，必须以定量的指标或方法来进行研究。定性分析是早期的宏观质量评价研究的主要侧重点，而不是提出某种综合性的指标，而近期宏观质量评价更趋向于定量的指标法。如国家顾客满意度指数就是一个量化的和可以用于分析和比较的具体指标。

（3）强调结构分析。无论是早期还是近期的研究，都更加注重质量的结构分析。Fornellc 等（1996）将质量分为产品质量和服务质量，即硬质量和软质量，并认为这两种质量在内在含义和功能上存在一定的差异。又如 Grönroosc 等（1984）将质量分为技术质量和功能质量。宏观经济质量评价过程中着重强调结构分析，结构已成为衡量质量的重要指标，如经济结构评价已经是经济增长质量的评价过程中的指标之一（任宝平，2011）。收入差异结构、与人的幸福评价相关时间分配结构也作为 MDP、HPI 等宏观质量评价指标的重要指标。

第三章 /

构建质量发展指数指标体系的理论分析

第一节 质量发展指数评价方式

从国内外的研究来看，不论是以微观质量指数还是宏观质量指数为参照的质量发展水平评价，基本是从三个层次构建质量发展水平的评价结构：第一层次是微观的企业层次，主要从企业质量发展指数的概念、内涵以及企业质量发展指数相关因素的构成进行分析与评价；第二层次是中观的行业或产业层次，主要从行业或产业（下文统称为行业）质量发展指数的概念、内涵以及行业质量发展指数相关因素的构成进行分析与评价；第三层次是宏观的地区、区域或国家层次，主要从地区、区域或国家质量发展指数的概念、内涵以及地区或国家（下文统称为地区）质量发展指数相关因素的构成进行分析与评价。质量发展水平的评价层次架构如图 3－1 所示。

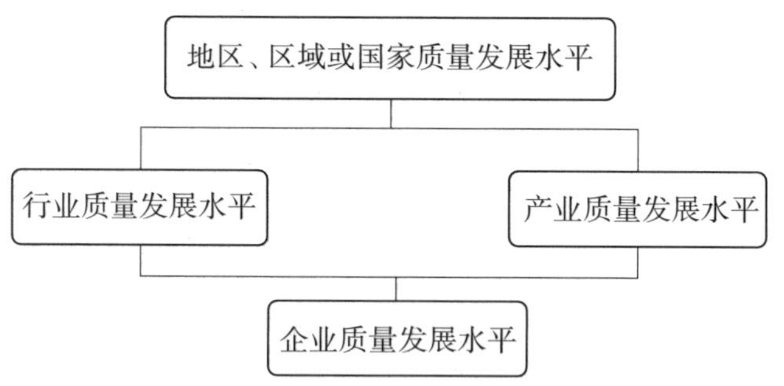

图 3－1 质量发展水平的评价层次架构图

从图中可以看出，质量发展水平评价是一个完整的体系，企业是质量发展水平评价的基本单位。因此，无论是中观层次的行业质量发展水平，还是宏观层次的地区质量发展水平，其质量发展水平都会受到企业的质量发展水平的影响。也就是说，如果构成行业、地区经济基础的各个企业质量发展水平低下，会影响由这些企业组成的行业、地区的质量竞争优势。因此，研究质量发展水平的构成要素，无论哪个层次，研究的主体对象都是企业。

如前所述，质量发展水平的研究包括企业、行业和地区三个不同的层次，而每一层次上的质量发展水平定义均涉及三个基本的要素。

第一个要素是竞争主体。由质量发展水平的结构层次可知，竞争主体也分为三个层次。在微观层次上，竞争主体是指某个具有明确的意愿、使命、战略目标和价值观的企业；在中观层次上，竞争主体是指某个由若干个生产同类产品，或具有相同工艺过程，或提供同类劳动服务企业组成的行业；在宏观层次上，竞争主体是指某个由若干个行业聚集成的地区或国家经济体。

第二个要素是质量维度。质量维度不仅可以观察竞争主体的质量发展水平，而且是竞争力形成的一个判辨方式。在不同层次上，质量维度的具体内容和表现形式可能有所不同，但其仍然决定着影响企业质量发展指数强弱的基本要素和这些基本要素之间的相互关系。在企业层次上，质量维度通常包括顾客对企业生产的产品或提供的服务质量的满意度或期望、企业采取的质量控制措施、企业质量绩效考核的现状及与竞争对手的差距等。

第三个要素是综合素质，即竞争主体所具有的资源、技能、知识和影响力等要素的质量及其有机结合表现出来的稳定而持续的运营效果。综合素质的根本表现形态是持续性竞争能力。

综上所述，可以看出，对广州市制造业质量发展指数的评价即是对广州市这一特定区域内的制造业质量发展水平、发展速度以及发展潜力的综合评价。

第二节　企业质量发展指数的相关因素分析

为了定量评价质量发展水平，必须确定恰当的量化指标与综合的科学方法。目前国内外学者对质量发展水平的研究还处在探索阶段，质量发展水平定量评价的模型尚无系统的研究。从分析质量发展水平相关因素的角度出发，用于质量发展水平评价的方法有四种，即因素分析法、差距比较法、内涵解析法和计量建模法。根据本项目研究特点，将采用因素分析法，对相关因素进行分析。

根据企业质量发展指数的基本定义，企业质量发展指数高低与企业获利情况和可持续发展的综合素质密不可分。因此，对企业质量发展水平的评价可从对企业质量发展指数的评价着手。对企业质量发展指数的研究，一方面是对企业质量发展指数的影响因素进行研究，另一方面是对企业质量发展指数的结果因素的研究，前者是驱动企业质量发展指数形成的基本因素，后者是反映企业质量发展指数实际表现的基本因素。这两方面的研究有利于进一步揭示企业质量发展指数形成的内在机制。

一、企业质量发展指数的影响因素

通常企业质量发展指数的影响因素也被认为是影响企业获利和可持续发展的因素。由于企业质量发展指数的各个影响因素总是互相影响，共同发挥作用，在对这些影响因素进行划分时，要避免人为割裂其内在的联系。从理论角度出发，我们将企业质量发展指数的影响因素划分为以下四个主要类型。

1．质量资源

质量资源，通常也称为第一类影响因素，是企业所具有或直接控制的各种使其具有某些竞争优势的经济资源，既包括企业的外部资源，也包括内部资源。其中，外部资源包括企业所在地理区域的基础设施资源、外部技术支持资源以及行业内的共享性技术资源等；内部资源包括财力资源、信息资源、人力资源、原材料资源、技术资源、设备与设施资源。对于企业而言，质量资源是其质量工作的基础条件和坚强保障，但并不代表企业拥有了某些竞争优势的质量资源后，它就会拥有较强的质量发展水平。只有企业拥有了一流的质量资源，并且充分发挥其对产品和服务质量的保障和促进作用，才能证明企业的质量发展水平较高。

从企业角度出发，形成质量发展水平的核心因素并不是质量资源的优势。原因在于质量资源很容易被复制，经过一段时间后，所有的质量资源都可以完全被复制。企业可以通过人才招聘、原材料采购、设备和设施改造、技术引进等手段修补质量资源的短板，从而显著提升质量资源方面的优势，提高自身质量发展水平。

2. 质量能力

质量能力通常也被称为第二类影响因素，质量能力的强弱决定企业能否创造更高和更持久的质量竞争优势，是企业质量发展指数评价的核心因素。质量能力包括企业专有的质量管理机制与掌握的核心技术、企业拥有的发明技术和专利、企业对质量资源的开发和使用效率以及企业对外部环境的适应能力等的综合评价。质量能力的强弱体现在是否能最大限度地利用现有的资源，保障和提升产品及服务质量，从而超越竞争对手，在市场竞争中取胜。

质量能力是企业质量实践活动长期积累的结果，包括企业长期累积形成的组织、管理、人才、业务、技术、设备与企业文化等，直接影响企业完成市场活动的效率。与质量资源的易复制性不同，质量能力是难以复制的。长远来说，企业如果在发展方向、发展方法、发展速度及发展能力方面没有战略规划，或者虽然规划了发展战略但没有采取可行的措施并贯彻执行，那么即使经过很长一段时间，企业也很难形成具有优势的质量能力。因此，质量能力相对质量资源更重要，也更难获得。

3. 质量文化

质量文化称为第三类影响因素，是企业中不受质量资源约束，又能逐步超越企业的质量资源和质量能力的文化现象，包括企业在长期生产经营实践过程中逐步形成的与质量相关的理念、价值观、管理模式、战略、意识、激励机制、创意以及企业文化等的总和。本质上，企业的质量意识、价值观和质量管理等本身就是一种质量能力，但相对于质量能力，这些因素更加抽象和无形。因此通常将第二类和第三类影响因素所对应的质量能力分别称为企业有效的质量能力和企业无形的质量文化。第三类影响因素对第二类影响因素的发展是把“双刃剑”，质量文化既可以正向刺激质量能力发展，又能对质量能力产生反作用。如果企业的质量文化浓厚，通过一段时间的累积与沉淀，可迅速培育出强而有效的质量能力。因此，有效的第三类影响因素可以促进第二类影响因素，对企业质量发展指数的提升具有积极的激励作用。相反，在企业的质量文化薄弱的情况下，即使它现在拥有很强的质量能力，这种优势也会逐步衰弱，最终完全丧失质量能力的竞争优势，企业的质量发展水平严重退化。在这种情况下，第三类影响因素对企业质量发展指数的形成具有反向打击作用。

4. 质量环境

质量环境，通常也被称为第四类影响因素，是企业在质量发展水平中面临的各种外部关系、生存环境或政策因素，包括以下几种因素：企业与相关企业在供应链中的关系、企业所在行业内的质量竞争态势、全社会重视质量的氛围、地区和国家质量政策环境、国际质量政策等，即以下五个方面。

（1）与供应链中相关企业的关系，包括供需方企业的合作关系和同类企业之间的竞争关系。

（2）企业在行业内的现状和前景，以及行业质量竞争格局。

（3）全社会重视质量的氛围。

（4）企业活动与地区和国家质量政策环境的关系，包括国家的各项质量法律法规、质量监督管理办法、质量方针、质量促进政策、质量宗旨、质量标准、行业或区域性质量准入条件等。

（5）企业活动与国际质量政策的关系，包括国际性的质量技术基础管理、质量促进政策、质量战略发展、质量准入条件、反倾销政策、反补贴措施和技术性贸易壁垒等。

二、企业质量发展指数的结果因素

企业质量发展指数的评价是由上述四类影响因素共同作用的表现。通过以上的分析，我们知道有些影响因素自身是抽象的，甚至是无法量化的，因此这些影响因素对企业质量发展指数之间的影响往往难以确定。为了更好地理解企业的不同质量发展指数状况的实际表现，需要进一步分析企业质量发展指数的结果因素。

从逻辑上讲，结果因素是影响因素的“果”，是影响因素发挥作用的体现，而影响因素是结果因素的“因”，是结果因素出现的原因，但仅从逻辑上对影响因素和结果因素进行划分并不总是合理。事实上，某个因素可能既是因又是果，它既可以是影响企业质量发展指数的原因，也可以是企业质量发展指数表现的后果。例如企业的市场适应能力一方面可以看作是提高企业质量发展指数的原因，促进企业更新质量资源状况和提升质量能力，另一方面又可以将企业市场适应能力看作是企业质量发展指数提高的结果。这是因为在竞争中，市场适应能力更强的企业与竞争对手相比，必然会有更好的获利能力，从而可以获取充足的资金资源用于改善质量资源条件和投入科技研发，企业的质量能力因此又能得到增强。企业质量资源的改善和质量能力的增强又会进一步推进企业产品的实物质量水平提升并增强其在市场上的持久竞争力，达到循序渐进的效果。因此，市场适应能力就是一个因果一体的因素。在理论层次上，企业质量发展指数的结果因素可以划分为以下五个基本类型。

1. 实物质量水平

实物质量水平也称为第一类结果因素，企业质量发展指数在一定程度上是产品实物质量的直接反映。实物质量不仅指产品实物质量，还包括了过程和体系的质量，具体有企业产品实物质量的设计水平、企业研制与生产过程中的标准与技术水平、制造水平、服务水平、售后保障等。实物质量水平的高低是企业质量发展指数强弱的最直接体现。

2. 质量管理水平

质量管理水平也称为第二类结果因素，企业质量发展指数在质量管理方面的直接表现是企业的质量管理实施效果和企业的质量管理带来的经济效益，包括质量工作成效的高低、质量管理体系运行的有效性、质量管理的现状等。质量管理体系的要求是通用的，对各种类型的产品都适用，而产品标准、技术规范、法律法规或合同条款规定中对产品的要求则是多种多样的，因此，质量管理体系要求可以当作是产品要求的补充部分。如果企业没有认真落实质量管理体系要求，企业质量管理体系运行就会受到局限，有效性就会受到冲击，企业就很难提升质量发展水平。然而，即使一个企业具有完善的质量管理体系，但生产的产品实物质量不尽如人意，这样的企业仍然是质量发展水平低下的。

3. 质量创新能力

质量创新能力也称为第三类结果因素，是企业在科学技术成果方面质量发展水平的直接体现，表现为企业所拥有自主知识产权的科技创新成果。主要包括企业拥有专有技术的状况，企业技术的领先性，企业拥有发明专利与一般性专利的数量及比例状况，企业新产品研发生产的能力，企业的组织结构、管理模式、工艺流程、生产产品的种类等。企业质量能力与质量创新能力是密切相关的，有时候甚至无法分割，两者之间相辅相成、相得益彰。一个质量能力出色的企业在质量创新成果方面往往成绩斐然，而一个质量创新硕果累累的企业必然具有卓越的质量能力。我国企业在发展中常常暴露两个关键性问题，一是质量创新能力不足，二是缺乏核心技术，严重限制了企业质量竞争能力的后续发展。研发方面，企业产品更是发明少、山寨多，产品更新换代的步伐慢，造成产品实物质量水平长时间停步不前。

4. 顾客满意程度

顾客满意程度，通常也被称为第四类结果因素，主要表现为顾客在购买、使用企业产品的过程中得到满足的程度，包括顾客对企业产品质量、售后服务、企业处理投诉与抱怨满意程度等。现在人们对顾客满意度状况越来越重视，随着对顾客问题的研究也越来越深入，顾客的概念从传统的以消费者为基础的单层次顾客概念扩展到包括企业内部员工和企业外部顾客两个层次，企业外部顾客的概念也相应地有所扩展，包括产品流通网络、购买者、实际使用者等多个主体。

5. 市场适应能力

市场适应能力也称为第五类结果因素。主要表现为企业产品的实际销售状况，包括企业产品在国内和国外的市场份额及变化情况、产品销售价格的波动情况等。市场份额能最直接明了反映企业市场适应性，反映企业对市场的控制能力。在市场营销中，企业为了突显自身的优势，依据自身的情况界定市场范围，导致企业都声称自己是市场中的“龙头老大”，拥有市场份额优势，但事实上这些企业生产的产品基本属于同类，应该归入同样的细分市场中。所以，企业在确定自身的市场份额时，一定要全面准确界定细分市场的范围，只有站在客观的角度才能真正精确分析企业的定位、顾客群体、竞争对手、企业面临的竞争态势，思考企业该如何调整战略地位以及辨别整个市场行情是在发展还是衰退等问题。

三、企业质量发展指数影响因素与结果因素之间的相互关系

在企业质量发展指数中，产品实物质量水平占据最重要的地位，它不仅反映了企业质量发展指数，也直接体现企业质量管理有效性和科学技术水平高低。市场适应能力是产品实物质量水平、企业质量管理水平和科学技术水平的综合体现。其中产品实物质量水平与市场适应能力的相关性最强，是实物质量水平和企业质量管理水平的结果因素。企业的市场适应能

力是企业在市场竞争中与外部环境互动而形成的现象，决定了企业的自我生存与可持续发展能力，是企业生存和持续经营的先决条件。市场适应能力也影响企业质量发展指数，决定了企业能否获得质量资源配置及规模大小，企业质量发展指数是市场适应能力的综合表现之一。由此可见，某种情况下，我们不应该定性区分企业质量发展指数的影响因素和结果因素，因为它们不存在严密的逻辑关系，有时候是相互交织，共同发挥作用的。这里划分各自所含类型的影响因素和结果因素，目的是为了更清楚地介绍企业质量发展指数的来源与本质。

四、评价企业质量发展指数的因素分析法

对于企业质量发展指数，可以采取由浅入深的因素分析法进行评价，即从最表层、最浅显易懂的属性和因素开始，逐渐向深层次的、内在的、复杂的属性和因素探索。通常情况下，越深层次的因素对企业质量发展指数的效果越持久，所产生的影响越深刻，并且产生作用的逻辑机理也越复杂；同理，越是表层的因素对企业质量发展指数的效果越短暂，影响越直接，产生作用的逻辑机理也越简单。一般选择能够直接反映企业市场地位的最表层、最浅显易懂的因素或属性作为企业质量发展指数的显示性指标（这里假设企业市场地位的形成是企业质量发展指数发挥作用的结果，即由于企业具有这样的质量发展水平，产生了与这种质量发展水平相适应的市场地位）。

但是，这类显示性指标可能不是企业质量发展指数的内在决定因素，并不能完全解释企业质量发展指数形成的真正原因。因而必须进一步挖掘企业质量发展指数显示性指标属性的决定因素，揭示决定企业质量发展指数强弱的深层评价因素，同时，这些属性或因素的背后又可能有更深层次、更内在的因素，并且在其作用的过程中，企业所处的“关系、环境或政策”因素又会对企业质量发展指数的评价产生不同程度的直接或间接的影响。由此，对企业质量发展指数进行评价的指标体系是由一组关系非常错综复杂的评价指标体系和许多的观测变量组成，其中某些评价的指标和观测变量甚至是难以量化的。前文已经对企业质量发展指数的影响因素及结果因素进行了讨论，将这些因素整合起来，就可以得到企业质量发展指数的评价要素选择表，如表 3 – 1 所示。

表 3－1 企业质量发展指数的评价要素选择表

类型	要素	含义	评价要素
影响因素	质量资源	企业所具有或直接控制的，能够使企业具有某些竞争优势的各种稀缺的内、外部质量资源	人力资源； 原材料、设备与设施资源； 技术资源； 管理资源和组织资源； 所在地理区域的基础设施资源； 外部技术支持资源； 所在行业的共享性技术资源
	质量能力	企业所具有的、能够创造出更高和更持久的质量绩效的能力	特有的质量管理与技术技能； 拥有的专利和专有技术； 对质量资源的开发利用能力； 质量创新能力； 对环境的适应性
	质量文化	不受质量资源和质量能力直接约束而本身又能够物化为企业的质量资源和质量能力的质量意识、知识和文化	长期形成的质量创意、质量理念和质量战略； 质量激励机制； 质量管理模式； 企业文化的特质及质量取向
	质量环境	企业在质量竞争中面临的各种关系、环境或政策因素	所在行业的质量竞争态势； 与相关企业在供应链中的关系； 企业活动与地区和国家质量政策环境的关系； 企业活动与国际质量政策的关系； 社会重视质量的氛围

续表 3－1

类型	要素	含义	评价要素
结果因素	实物质量水平	企业质量发展水平在产品实物质量方面的直接体现因素，表现为企业实物质量水平高低	实物质量设计水平； 实物质量制造水平； 保障与售后服务水平； 标准与技术水平； 实物质量合格与安全状况
	质量管理水平	在质量管理方面的直接体现因素，表现为企业质量管理水平的高低和经济效果的好坏	企业导入卓越绩效和质量管理体系状况； 质量成本管理的状况； 工作质量绩效的高低
	质量创新能力	在科学技术成果方面的直接体现因素，表现为企业拥有自主知识产权的科技和创新成果	拥有发明专利的状况； 拥有专有技术的状况； 技术改造的状况； 单位产值能耗状况； 产品线的宽度和广度； 技术的领先性
	顾客满意程度	在顾客满意方面的间接体现因素，表现为顾客在购买和使用产品过程中的满意程度	顾客对企业产品质量的满意程度； 顾客对企业售后服务的满意程度； 顾客对企业处理投诉与抱怨的满意程度
	市场适应能力	在产品市场适应性方面的间接体现因素，表现为企业产品的销售状况和市场的成长性	产品在国内、国外两个市场中的市场份额； 产品利润变化情况； 企业发展状况

影响因素是内在的、更深层次的因素，它直接决定企业质量发展指数，而结果因素则是企业质量发展指数浅显的和表层的因素，结果因素可以进一步细分为直接结果因素和间接结果因素。企业质量发展指数的评价需要对以上的影响因素和结果因素进行定量测量与评估分析。因素分析法的目的就是尽量分解影响和决定企业竞争力的各种内在因素，从而理清它们对企业质量发展指数的作用。应用因素分析法的五个步骤如下。

（1）选取具有代表性、研究性强的、与企业质量发展指数相关的评价指标及观测变量。

（2）构造出各个评价指标及观测变量之间的因果关系。这种关系可以是自然形成的，也可以是人为构造的。对于人为构造的因果关系，还需要进行验证。

（3）确定各个评价指标及观测变量各自所占的权重。这是至关重要的一步，因为各个评价指标及观测变量之间或多或少会有相关性，评价指标及观测变量的重要性则体现在权重的分配。通常采用的办法是，与其他评价指标及观测变量关联性强的评价指标及观测变量的权重，应该适当降低，而较为独立的评价指标及观测变量的权重应该适当增大。

（4）计算出各个因素共同发生作用对企业质量发展指数的影响程度，即综合各个评价因素对企业质量发展指数的贡献，这步工作也非常重要，关键问题是如何标准化转换评价指标及观测变量的实际量值。在评价指标及观测变量的量化中，由于不同评价指标及观测变量的性质、数量等级、量纲可能有所不同，要综合各个评价指标及观测变量对企业质量发展指数的单个贡献，就必须为这些评价指标及观测变量建立统一的比较基准，利用相应的比较基准对不同的评价指标及观测变量生成无量纲的标准化数据，再进行数据的定量测算。

（5）对测算结果进行合理性判断和技术性分析，科学地评价企业质量发展指数的现状。针对每一个评价要素，应该分别列出相应的评价指标及观测变量，并尽可能分解到相应独立的层次。评价指标的逐步分解和细化，提高了评价指标及其观测变量在技术层面上的可操作性，但并不意味着分解的层次越多越好。因为随着分解层次的增多，会相应地剔除了一些相对不太重要的评价指标，那么信息的丢失总量便会越来越大。可见，分解层次时需要注意，不推荐对企业质量发展指数的评价指标进行太多层次的分解，实际操作中需要保证评价因素之间的分解和传递都是围绕企业质量发展指数的本质因素进行的，并在最大限度上保留真实信息。

第三节　行业质量发展指数的相关因素分析

行业是由若干个生产同类产品或提供同类服务或具有相似生产工艺的企业组成的，企业质量发展指数的分析与行业质量发展水平的评价息息相关，企业质量发展指数直接影响行业质量发展水平，因此对行业质量发展指数相关因素的分析不能脱离和违背企业质量发展指数相关因素而进行孤立的分析。因此，与企业质量发展指数分析层次相同，对行业质量发展指数相关因素的分析也应从行业质量发展指数的影响因素和行业质量发展指数的结果因素分别进行分析。

与企业质量发展指数的影响因素略有不同的是，行业质量发展指数的影响因素主要归纳为质量资源、质量创新能力和质量文化三个类型，与企业质量发展指数相比，少了质量环境因素。

而行业质量发展指数的结果因素与企业质量发展指数的结果因素更为类似，也可划分成五个类型，包括行业产品的实物质量水平、质量管理能力、质量创新成果、顾客对行业的整体满意程度以及行业的成长性。这五类因素虽与企业质量发展指数的结果因素密切相关，但侧重点有所不同，主要特点如下。

（1）行业质量发展指数的第一类结果因素是行业产品的实物质量水平，主要表现为行业总体的实物质量水平的高低，包括行业产品的研发设计水平、生产过程中的制造水平、服务水平、售后保障以及行业产品的技术性能指标等。

（2）行业质量发展指数的第二类结果因素是行业的质量管理能力，行业质量管理水平的高低和质量管理经济效果的好坏是它的主要表现特征，包括行业质量管理体系的建立和认证情况、行业质量管理体系实施的有效性、行业质量管理的现状、行业质量成本管理的发展规划以及行业总体质量绩效的高低等。

（3）行业质量发展指数的第三类结果因素是行业的质量创新成果，主要表现为行业拥有自主知识产权的质量创新成果，包括行业拥有外观设计专利、实用新型专利和发明专利的状况，行业拥有专有技术的状况，行业新产品开发的状况，行业产品品种的宽度和广度以及行业技术的领先性等。

（4）行业质量发展指数的第四类结果因素是顾客对行业的整体满意程度，主要表现为顾客在挑选、购买、使用行业产品过程中的满意程度，包括顾客对整个行业的产品质量、行业产品售后客户服务、行业处理客户抱怨与投诉的满意程度等。

（5）行业质量发展指数的第五类结果因素是行业的成长性，该因素也是一个间接结果因素，主要表现为行业的快速成长和稳定保持能力，包括行业产品在国内、国际市场上的占有份额增长、速度增长情况等。持续的质量创新能力是支撑行业成长性的核心因素，而持续创新能力与行业的科学技术成果拥有量是紧密关联的。

第四节　地区和国家质量发展指数的相关因素分析

地区和国家的质量发展水平既受到企业质量发展指数的影响，也会受到行业质量发展水平的影响，因此分析地区和国家质量发展指数的相关因素时，要结合企业和行业质量发展指数相关因素的作用。与调研企业、行业质量发展指数同理，也要从影响因素和结果因素两个方面对地区和国家质量发展指数相关因素展开分析。

一、地区和国家质量发展指数的影响因素

地区和国家质量发展指数的影响因素与行业质量发展水平影响因素相同，主要可以归纳为质量文化、质量创新能力和质量资源三个类型。

（1）质量文化在地区和国家发展水平的影响因素中处于核心地位，但从总量上开展地区和国家的质量文化特质研究困难重重。

（2）质量创新能力是质量文化的外部形成条件，促进地区和国家质量发展水平的形成，主要内容包括地区和国家特有的质量管理方式与技术技能，地区和国家拥有的对保持和提高技术质量方面有显著作用的专有技术、发明专利和自主知识产权以及对稀缺质量资源的综合开发利用能力等。与质量文化相比，质量创新能力对地区和国家质量发展水平的影响相

对容易理解和测量。

（3）质量资源也是地区和国家质量发展水平最外层的影响因素。质量资源在地区和国家层次上受地理因素的限制，在质量资源匮乏地区，质量资源的流动性减弱，无形中提升了质量资源对国家质量发展水平的价值。

二、地区和国家质量发展指数结果因素

地区和国家质量发展指数的结果因素与企业质量发展指数和行业质量发展指数的结果因素相似，也分为五个类型，包括地区和国家产品的产品实物质量水平、地区和国家的质量管理水平、地区和国家的质量创新能力、顾客对地区和国家产品质量的满意程度以及地区和国家经济的成长性等。由于地区和国家质量发展指数的结果因素的主要类型、基本内容以及相互之间的关系与其在企业和行业层级的特点基本类似，这里就不展开对地区和国家质量发展指数的结果因素的阐述。

第四章 /

广州市制造业质量发展指数的指标体系构建

第一节　广州制造业发展现状

从2016年发布的“广东制造业企业500强”名单中，我们可以看到很多熟悉的广州企业，如广州汽车工业集团有限公司、广州万宝集团有限公司、广东海大集团股份有限公司、广州白云山医药集团股份有限公司、广州立白企业集团有限公司等。广州品牌耳熟能详，质量口碑载道，广州制造业取得了令人瞩目的成就。

通过对广州市统计局发布的统计数据的分析，归纳总结出广州市制造业的现状，具体如下。

（1）制造业规模扩张，但增长瓶颈需突破。随着全市制造业转型升级，经济规模和影响力不断扩大，由广东省制造业协会、广东省产业发展研究院、广东省社会科学院企业竞争力研究中心联合开展的“2016年广东省制造业企业500强”数据显示，全市营业收入达到百亿元的制造类企业有7家，营业收入超千亿元的制造类企业1家。2016年全年规模以上汽车制造业、电子产品制造业和石油化工制造业三大支柱产业完成工业总产值9693.48亿元，较上年增长7.6%，占全市规模以上工业总产值的比重为49.57%。但与此同时，全市工业投资却持续下滑，制造业创造力不足，制造业龙头企业遭遇深层次冲击，制造业大项目新增数量较少；规模以上工业总产值增速放缓，工业增长出现乏力迹象，疲态初显，部分行业及龙头企业产值下降，新兴产业尚未形成规模。

（2）制造业格局趋向高端化，但仍需推进产业结构优化。通过培育扶持先进制造业集群，全市制造业从传统优势产业格局，迈入传统产业与新兴产业齐头并进、竞相发展的新阶段。2015 年广州市的三大支柱产业是石油化工制造业、汽车制造业、电子产品制造业，三大支柱产业单位数占全市比重为 23.83%，工业总产值占全市比重为 48.25%，全年三大支柱产业产值合计增长 8.7%，增速比全市产业平均水平高 2.3%。2016 年 2 月 26 日，广州市发布的《广州制造 2025 战略规划》显示，未来十年，新一代信息技术、新能源汽车、新材料与精细化工等或成为新一代制造业支柱产业。

（3）制造业集群优势凸显，但仍需发挥聚集效用。广州市制造业集群效应明显，充分利用资源，实现共享经济。2015 年，广州已形成了批发零售、金融、房地产、租赁和商务服务、交通运输等 10 个千亿级产业集群。早在 2014 年，广州市通过了《加快制造业转型升级的实施方案》，规划到 2016 年形成产值超 5000 亿元制造业集群 1 个，3000 亿元至 5000 亿元制造业集群 2 个。但广州市制造业产业集群综合实力较低，实力超强企业少。

（4）生产要素集约化，但生产要素质量和使用效率仍需提高。区域制造业劳动力的低成本优势逐渐弱化，跨国公司投资的规模和速度下降，制造业对外资的吸引力下滑。劳动力、能源、土地、原材料等生产要素价格持续上涨，经营成本加大，削弱了广州市制造业的竞争优势。核心技术缺少、产品低端、专业人才缺乏等问题日渐浮现，过度依靠投资的经济驱动模式难以为继，产品滞销，部分行业产能过剩。环境污染问题愈演愈烈，还需要加速推动制造业绿色转型。

（5）宏观质量发展环境具有优势。2010 年，广州开始全面启动质量强市工作，获批创建“全国质量强市示范城市”。广州出台了一系列战略规划和政策体系，构建了比较完善的质量强市运行机制，在全国范围内较早设立了“广州市市长质量奖”“广州市标准化创新贡献奖”“广州市专利奖”等质量相关奖项。广州市质量的效益不断累积，树立了牢固的质量意识，制造业产品质量显著提升。2012 至 2014 年，广州市监督抽查产品实物质量合格率均达到 95% 左右，维持在较高水平；广州制造业质量发展指数达 90.02，高于全省乃至全国的平均水平。2017 年，广州市有效期内广东省名牌产品数量达到296个，位列全省前茅，推动“广州产品”向“广州品牌”转变。

2016年3月召开的集聚现代产业人才、促进创新驱动发展工作会议上，广州市首次公布了《广州制造2025战略规划》。这是广州市贯彻实施《中国制造2025》，推进制造业强市，提升城市竞争力，助力国家重要中心城市建设，支撑建设三大战略枢纽、三中心一体系，构建高端高质高新现代产业新体系和高水平开放型经济体系的重大战略部署的重要举措。《广州制造2025战略规划》公布了配套政策，将统筹安排工业转型升级专项资金，给予企业减轻税费负担、强化资金支持、强化用地支持等。

第二节　制造业质量发展指数二级指标的确立

基于前人的研究和分析，针对地区（区域）质量发展的结构层次而言，宏观层次更多地应用于对地区（区域）质量发展的定性分析中，但实际情况中，准确地提取出评价地区（区域）质量发展的宏观质量维度较难。本研究需要对地区（区域）的质量发展指数进行定量分析与评价，因此只从中观的行业式产业层次和微观企业层次两个层次分析广州市制造业质量发展指数的相关因素，进而设计广州市制造业质量发展指数，提出相应的指标体系。

影响质量发展指数的因素包括影响因素和结果因素，而影响因素的评测指标难以定量，因而本研究只考虑结果因素，以结果为导向，通过建立与结果因素相关的指标评测体系，对广州市制造业质量发展指数进行考核，形成倒逼机制，引导企业、行业和政府加强对制造业发展质量的重视和改进，从而持续达到最优的制造业质量水准（如表4－1所示）。

表 4－1　广州市制造业质量发展指数的相关因素表

类型	要素	含义	可选择的评价点
结果因素	实物质量水平	企业质量竞争力在产品实物质量方面的直接体现因素，表现为企业实物质量水平高低	实物质量设计水平； 实物质量制造水平； 保障与售后服务水平； 标准与技术水平； 实物质量合格与安全状况等
	质量管理水平	在质量管理方面的直接体现因素，表现为企业质量管理水平的高低和经济效果的好坏	企业导入卓越绩效和质量管理体系状况； 质量成本管理的状况； 工作质量绩效的高低； 单位产值能耗状况等
	质量创新能力	在科学技术成果方面的直接体现因素，表现为企业拥有自主知识产权的科技和创新成果	拥有发明专利的状况； 拥有专有技术的状况； 技术改造的状况； 生产效率状况； 技术的领先性等
	顾客满意程度	在顾客满意方面的间接体现因素，表现为顾客在购买和使用产品过程中的满意程度	顾客对产品质量的满意程度； 顾客对企业售后服务的满意程度； 顾客对企业处理投诉与抱怨的满意程度等
	市场适应能力	在产品市场适应性方面的间接体现因素，表现为企业产品的销售状况和市场的成长性	产品在国内、国外两个市场中的市场份额； 产品利润变化情况； 企业发展状况等

从上表可以看出，将结果因素归纳起来，可以得到制造业质量发展指数的评价要素，即二级指标（由于消费者也属于市场范畴，故将消费者和

市场合并）。最后得到的二级指标包括 4 个要素：产品实物质量、市场表现与消费者感受、质量管理水平、质量创新能力。

1. 产品实物质量

产品实物质量直接关系到消费者使用和安全，保证产品实物质量是制造业质量发展水平的关键。合格产品是符合质量合格标准的产品，包括检验符合安全性、适用性、经济性、卫生标准等技术标准或订货合同规定的技术要求的产品。

一般情况下，产品实物质量越好，产品监督抽查的不合格产品越少，合格率越高，意味着生产资料的利用效率越高，也就是生产相同数量的产品所耗费的生产资料就越少或相同数量的生产资料能生产出更多的产品，企业能获得更好的经济效益，单位生产资料所创造的效益也越多，因此也更有利于人民生活水平的提高和社会生产技术水平的提升。反之，产品实物质量越差，产品监督抽查不合格率越高，创造单位产值消耗的原材料越多，经济效益也越低，越不利于人民生活水平的改善，经济增长质量也越低。因此，产品实物质量对经济增长质量有正向促进作用。

选择产品市场抽查合格率指标，应从监督抽查和市场抽查两个层面进行测量，因两者综合反映区域产品实物质量状况。提供高质量产品的主体是企业，在竞争的市场制度中，企业只有向消费者提供更高质量的产品，才能在竞争中脱颖而出，达到生存和发展的最基本条件，因此市场导向机制是约束企业质量行为的根本制度，政府应充分利用市场质量监管制度发挥引导作用。

因为整个指标体系是反映区域层面的，目前政府大力推进企业主体责任，企业自身应落实做好微观性的指标，所以没有纳入微观性的指标。

因此政府应通过纳入指标体系的两个指标，从市场管理方面着手，形成倒逼机制，而不是仅从微观层面进行管理，这样才能对企业不断加强主体责任形成更好的推动作用，以持续提升产品实物质量水平。

综上所述，对照二级指标中可选择的评价点，产品实物质量可以通过两个观测变量进行测量：一是产品监督抽查合格率，二是产品市场抽查合格率。

2. 市场表现与消费者感受

市场和顾客是评价制造业质量发展水平最终的决定者。随着经济结构的升级、技术革命的兴起和人类社会的进步，以产品实物质量情况评价产品质量的方法已经远远不能满足顾客对质量的客观要求，评价质量的标准需要重点考虑顾客的满意程度，只有最终增进顾客真实福利才是产品质量的最终评价标准。相对来说，消费者感受程度比技术指标更具有全面性、准确性、可比性，能在较大范围内反映产品、企业和行业的质量水平，从而真实反映经济增长质量情况。任何一种产品的产销前提和终极目标都必须分别是用户的需求和用户的满意感受。即使一个产品的技术含量很高，理化性能指标很好，但只要它的用户满意度指数不高，就证明它不能满足顾客的需求，甚至达不到顾客的要求。它不仅不利于人们生活质量和社会需求状况的改善，更无法实现经济效益。因此，消费者感受程度越高，说明区域的产品质量状况越好，经济增长质量越高，反之，区域的产品质量越差，经济增长质量也越差。

企业的经营业绩水平是企业向市场提供高质量产品所获得的积极回报，反映了企业产品质量对市场的适应能力和市场表现状况，也是企业的产品具有较高质量水平与竞争力的间接证据。一方面，主营业务利润率表明一定时期内企业每单位主营业务利润同主营业务收入的比值，是评价企业经营效益的主要指标，主营业务利润率越高代表企业主营业务的获利能力越强，能够反映企业产品在市场适应性和生产成本性方面的综合效果，是一个比较全面地考察市场表现状况的指标。另一方面，企业景气指数是企业负责人对本企业综合生产经营情况的判断和预期而编制的指数，以有利于较全面、合理地反映企业的生产和经营的现状和前景。

因此，市场表现与消费者感受状况可以用以下三个观测变量进行测量：一是消费者感受程度；二是主营业务利润率；三是企业景气指数。

3. 质量管理水平

企业质量发展水平在质量管理方面的直接体现因素，表现为企业的质量管理水平的高低、质量管理方面的投入力度、企业管理者质量管理意识的强弱和质量管理经济效果的好坏，包括企业质量成本管理的现状、企业质量管理体系运行的有效性、企业工作质量绩效的高低等。众所周知，产品标准、技术规范、合同条款或法律法规中规定的产品要求是千差万别的，而质量管理体系要求则是通用的，适用于不同类型产品，包括硬件、软件、服务和流程性材料等，从这一意义上讲，质量管理体系要求可以看作对产品要求的补充。如果企业在运行中没有切实贯彻质量管理体系的要

求，意味着企业质量管理体系失效，最终企业的质量发展水平也得不到提升。2014 年中央经济工作会议分别从九大新常态提出经济发展，其中“过去能源资源和生态环境空间相对较大，现在环境承载能力已经达到或接近上限，必须顺应人民群众对良好生态环境的期待，推动形成绿色低碳循环发展新方式”说明企业不仅要实现自身盈利最大化的可持续发展，还必须承担实现社会和环境可持续发展的公共性的社会责任，并为社会和环境做出积极贡献，实现企业自身发展与保护环境、社会进步相协调。企业单位产值能耗的大小是质量管理水平高低的直接体现。一个地区产业结构和产品结构越合理，制定的标准越高，生产设备越先进，对能源消耗控制越严格，清洁能源投入使用率越多，能源利用率越高，能源消耗型企业所占比重越小，对环境造成的伤害越小，该地区工业产品质量的可持续发展能力就越强，能更好引导地区企业向资源节约型和环境友好型的绿色制造转变。

质量成本管理水平高低与企业质量发展水平的关系更为密切。企业质量成本管理的问题涉及两个层次。一个层次是质量成本总量的管理。企业在质量成本方面节约的每一分钱都可以转化为企业的净利润。如果考虑企业流动资金周转的效率，那么企业在质量成本节约方面的价值比同等数量的收益增长方面的价值大。另一层次是质量成本结构的管理。根据传统的质量成本理论，企业的质量成本是由鉴定成本、预防成本、外部故障成本、内部故障成本和质量保证成本等不同成本项目组成的，由于不同的成本项目对企业产品的实物质量水平的促进作用效果不同，通过适当优化成本结构，企业既可以降低质量成本总额，也可以加大质量成本的产出效率，提高产品的实物质量水平。传统质量成本理论是一种质量成本短期优化理论，其本质是优化结果表现为在产品质量符合性（通常用产品合格率度量）和质量成本总额之间达成短期均衡，而现代质量管理追求零缺陷的思想与传统质量成本理论已经不太协调。加入控制质量投入成本的考虑，通过引入质量竞争关系，企业可以形成产品质量水平与质量成本之间的长期平衡机制，并形成追求零缺陷质量的质量成本长期优化目标。

综合以上分析，对照二级指标中可选择的评价点，质量管理水平可从单位产值能耗和质量损失率两个观测变量进行测量。

4. 质量创新能力

面对我国经济进入中高速增长新常态，加快实施质量创新驱动发展战略是当前经济增长的新动力。

首先，质量创新既是经济增长的短期动力又是长期动力。经济增长的短期动力包含内部消费、投资、对外贸易、财政货币政策等，长期动力包含科技进步、人力资本积累以及制度变迁等因素。质量创新可以改善产品的固有性能，提高其可用性、使用友好性，或者改善经济性，增加货币流动性，迅速地刺激新消费热点的产生，进而派生新的投资需求；质量创新可以从根本上提高资源的投入产出效率，改善经济的长期供给能力，降低资源消耗程度，并且可使得经济产生对技能型劳动力的大量需求，不断地拉动劳动者素质的提升，加快技术创新和人力资本的积累，形成经济增长的长期动力。因此，在“质量时代”，质量创新既可以在短期内刺激经济的增长，又可以成为经济增长的长期发展动力。

其次，质量创新与科技创新、管理创新、制度创新等创新的形式协同发展，共同构成国家创新体系的重要组成部分。科技创新、管理创新或是文化创新，其最终的目标都是改善产品的质量性能，从而能够更好地满足消费者的需要，实现更高的市场收益。质量创新是科技创新、管理创新在终端产品服务上的表现形态，是整个创新体系的重要组成部分。管理创新在提高效率的同时，最终目的还是要保障产品质量创新的实现，真正有价值的管理创新最终可以提高产品质量竞争能力。质量创新既可以增加消费主体对其他创新的需求，又是其他创新的成果载体。

再次，质量创新将大大促进经济的内生增长。“质量时代”的竞争，主要表现为企业在产品、服务质量上的竞争，企业增长模式随竞争方式的变化而改变，将更多地以质量至上为最终目标，提高技术能力、管理水平和劳动者技能，即企业内生增长的发展道路。这种微观主体在增长模式上改变的效应，最终会积少成多，从根本上改善长期以来困扰经济质量增长的困境，使经济走上稳步发展的道路。

科技创新并不是最终目的，而是要通过科技创新带来产品在工艺、性能、使用感受上的进步，进而表现为消费者对产品质量满意度的提升。从一般的意义上说，科技创新带来质量创新，没有科技创新就没有质量创新，但如果最终没有实现质量创新，科技创新也就失去了它自身的价值。

管理创新一方面为了提高效率，另一方面是要保障实现产品质量创新，同理，只有最终提高了产品质量竞争能力的管理创新才具有价值。质量创新对我国增强自主创新能力、建设创新型国家，尤其是实现经济发展的创新驱动具有重要的价值，是经济发展重要的新动力。质量创新能力是产品质量提升和企业保持长期竞争力的关键因素。质量创新，特别是渐进、持续、大范围的质量创新和因此带动的突破性、跨越性技术进步，对劳动者素质、科技、管理能力等要素产生积极影响，不仅能提高各类生产要素的利用效率，提高创新资源配置效率，而且能实现要素结构在不增加资源消耗的情况下，培养动态比较优势，实现不断转换比较优势，由生产要素投入结构的变动引导产业结构由劳动密集型资本向技术密集型转变，实现经济转型升级。而企业质量创新投入一般包含以下三方面。

（1）体现企业质量创新投入的一个主要方面是企业的研发及技术改造经费投入。企业的研发及技术改造经费投入关系着其核心竞争力和经济增长质量的可持续发展能力。一般情况下，增加研发及技术改造经费往往能使新开发产品的设计质量比预期有较大程度的改善。企业需要较大规模的技术改造经费投入才能从本质上改善技术装备，达到现代制造业体系的本质要求。从长期看，企业基础性技术改造经费投入的状况不仅决定了企业产品质量的可持续改善能力，而且是企业开发新产品的基础。从时效性方面看，投入技术改造经费产生的效益发挥得比较慢，具有滞后性，即当年技术改造经费投入通常意味着后续年度产品质量水平提高、企业质量管理体系持续有效运行、产业转型升级多重改善。从本质上讲，拥有核心技术能力不仅意味着企业拥有一流的原创性研究开发能力，而且意味着企业拥有数量多、素质高的设计与开发人员，它们是企业保持持久质量竞争优势的重要因素，也是企业获得长期利润的源泉。因此，有必要对企业的研发及技术改造经费投入进行评价研究。

（2）体现企业质量创新投入的第二个主要方面是万人发明专利拥有量。“万人发明专利拥有量”是指拥有经国内外知识产权行政部门授权且在有效期内的发明专利件数与万人数的比值，主要体现地区自主创新能力，用于衡量一个国家或地区的科研产出质量。万人发明专利拥有量还体现了市场应用水平，如果新技术不及时申请专利，很容易被其他专利群覆盖，导致新技术无法商业化。因此，万人发明专利拥有量是衡量一个地区科研产出质量和市场应用水平的综合指标。基础型、原创型、高价值的发明专利最能体现一个地区或企业的自主核心创新能力，它既是一种无形的知识财产，又能通过工业生产和制造转化带来经济收益和商业价值，其反映了企业质量创新的直接成果，是企业实现技术升级和产品更新换代的技术基础，是地区经济增长的内生动力之一，对国家的发展具有战略性意义。

（3）体现企业质量创新投入的第三个主要方面是劳动生产率。劳动生产率指一定时期内工业总产值与年平均从业人员之比。创新是影响劳动生产率的重要因素，提高劳动生产率是企业创新的目的之一。《中国制造2025》提出制造业全员劳动生产率的提升是质量品牌应该做出贡献的领域。企业的劳动生产率的提高，能促进企业转向创新发展。劳动生产率包含技术、管理、人力资本和质量等要素，这些要素均会对企业的创新发展产生重要的贡献和影响，科技是创新能力要素的核心，技术、人力资本以及企业家创新精神与品格，是企业创新能力的载体和动能。

根据以上分析，对照可选择的评价点，质量创新能力可从三个观测变量进行测量：研发及技术改造经费比重、万人发明专利拥有量、劳动生产率。

综合分析，建立广州市制造业质量发展指数指标体系，如表4－2所示。

表4－2 广州市制造业质量发展指数指标体系

一级指标	二级指标	三级指标	备注
广州市制造业质量发展指数	产品实物质量	产品监督抽查合格率	正指标
		产品市场抽查合格率	正指标
	市场表现与消费者感受	消费者感受程度	正指标
		主营业务利润率	正指标
		企业景气指数	正指标
	质量管理水平	单位产值能耗	逆指标
		质量损失率	逆指标
	质量创新能力	研发及技术改造经费比重	正指标
		万人发明专利拥有量	正指标
		劳动生产率	正指标

基于波特竞争分析模型和PDCA质量环理论，制造业质量发展指数的核心——产品实物质量，是企业质量竞争力的直接体现，产品实物质量的高低决定了市场表现与消费者感受；消费者感受状况反映了顾客对产品满足需求的程度，直接影响产品的市场表现状况；而质量竞争力的目标是市场表现与消费者感受，良好的消费者反馈和市场表现影响企业的质量创新能力；制造业质量竞争力的关键是质量创新能力，是企业满足顾客需求不断走向成功的根本条件，通过不断创新可以有效提升产品实物质量水平及管理水平；制造业质量竞争力的基础是质量管理水平，是企业提升产品质量的根本保证。四个方面组成一个循环递进的系统，实现制造业质量发展指数的持续提升。综合以上分析，建立指标体系模型，如图4－1所示。

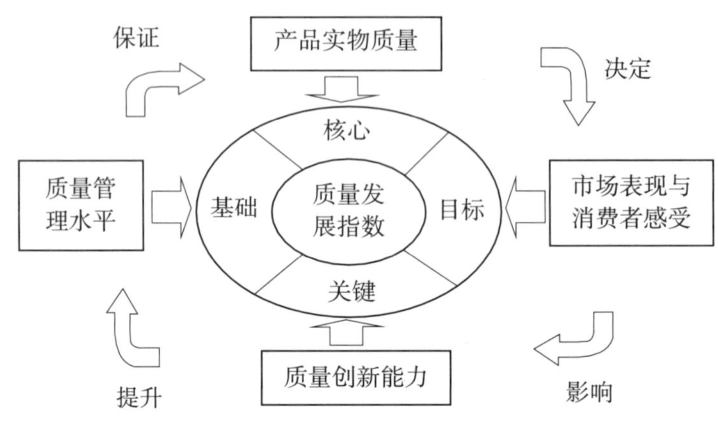

图4－1　广州市制造业质量发展指数指标体系模型

第三节　制造业质量发展指数三级指标的确立

1. 产品监督抽查合格率

产品质量安全状况反映一个国家或地区的产品安全保障水平和人民生活质量。产品质量关系人民群众切身利益，关系企业的生存和发展，关系国家形象。中国政府坚持以人为本，高度重视产品质量安全，一直把产品质量问题摆在重要的位置。虽然广东的制造业产业基础厚实、门类齐全，但是，拥有核心技术、关键设备，并真正拥有自己的知名品牌的比重还是相对较低，且加工贸易出口的竞争大，也有一些产品自身确实存在质量和安全问题。

我国《产品质量法》第十五条规定，“国家对产品质量实行以抽查为主要方式的监督检查制度，对可能危及人体健康和人身、财产安全的产品，影响国计民生的重要工业产品以及消费者、有关组织反映有质量问题的产品进行抽查”。我国为提高产品质量和安全水平而实施的一项重要质量监督措施——产品质量监督抽查，自1985年开始实施至今，已经有30多年的经验，积累了大量的抽查数据，运用科学的统计方法从这些数据中总结出现象发展的规律性的信息，可以客观地衡量和准确地反映宏观经济发展质量状况，为政府部门对经济宏观调控和加强产品质量监管提供科学的数据支撑，对质量竞争力的提升表现在以下几方面。

（1）规范市场经济秩序。监督抽查通过对重要工业产品，可能危及人体健康和人身、财产安全的产品及消费者和有关部门反映质量问题较多的假、冒、伪、劣产品实施突击性随机抽查，既对企业形成一种威慑力和外部压力，又能更好地贯彻政府的宏观质量管理政策，实施国家有关质量的法律法规。同时公示监督抽查结果，使广大用户和消费者参与监督产品质量，引导消费者选购质量好的产品，增强质量好的产品的市场竞争能力，维护公平竞争，创造良好的经济运行环境，规范企业的生产行为，培育企业在市场竞争中重视质量的意识，促进优胜劣汰市场机制的建立和完善。

（2）促进企业加强质量管理。后处理工作是监督抽查的一项重要内容。在监督抽查结果通报发布后，各级有关部门将依据法律法规授予的权限对质量违法行为分别采取法律、经济、行政的处罚措施和舆论曝光；停止产品质量不合格企业继续生产和销售，督促其进行整改，开展复查工作；通过召开专题质量分析会，制定不合格企业负责人培训方案，派技术人员下厂帮助整改等多种形式，帮助和督促企业增强质量意识，认真执行质量法律法规和标准，完善质量体系，改进生产工艺，促进产品质量的提高。特别是对一些带有行业性、区域性的问题，狠抓整改，起到通过抽查一类产品达到整顿一个行业的重要作用，确保重点企业、重点行业、重点区域稳定向好发展。

（3）促进产业结构的调整。监督抽查实行扶优限劣的政策，质量水平较高的企业可抓住监督抽查合格的契机，提高生产技术水平和完善质量体系，而质量水平较差的企业，多数存在设备条件差、从业人员素质低、创新能力欠缺等问题，整改工作难以落实，产品质量提高难度大，企业日渐衰弱，逐渐被市场淘汰。同时，由于达不到整改要求，部分质量问题难以改善的产品逐渐被新型产品或新工艺生产的产品所代替，因此，监督抽查对产业结构调整有促进作用。

（4）促使行业质量水平的提高。通过监督抽查结果的发布以及媒体的大力宣传，让消费者对监督抽查合格的产品和企业质量状况有准确的了解，使消费者的市场取向有针对性的专项合格产品，拒绝质量不合格的产品。同时，消费者的市场导向反馈到企业，企业必须顺应提升产品质量发展的方向，使得合格企业的产品销售形势越来越向好的方向发展，提高合格企业产品的市场占有率。不合格企业的产品发展空间缩小，生存举步维艰，直至破产。

2. *产品市场抽查合格率*

产品质量监督抽查是国家产品质量监督部门及地方产品质量监督部门按照产品质量监督计划，定期在流通领域抽取样品进行监督检查，了解被抽查企业及其产品的质量状况。对流通领域产品质量检查的主要方式是产品市场抽查，它也是当前对流通领域产品质量进行有效市场监管的重要手段之一。因此，可采用产品市场抽查合格率衡量流通领域产品实物质量水平。

产品市场抽查对可能危及人身、财产安全的产品，影响国计民生的重要工业产品以及消费者、有关组织反映有质量问题的产品进行抽样检查。通过产品市场抽查，检验、分析相关市场抽查结果及相关数据信息，反映流通领域产品质量现状，保证产品质量安全，保障社会生产、生活正常有序进行，维护消费者权益，营造公平有序的市场消费环境，为政府产品质量管理提供科学的决策依据。

根据当前社会的产品质量现状，客观上要求进一步健全产品市场抽查工作机制，为政府市场监督提供更加有效的证据，确保抽查工作的科学性、有效性、权威性。近几年来“苏丹红”事件、奶制品污染事件等产品质量安全事件的发生，对产品质量市场监管工作提出更严格的要求。在建设具有中国特色社会主义现代化国家的过程中，由于我国市场体系还不够完善，主要依靠市场机制实现优胜劣汰的竞争还不太现实，那么加强产品质量市场抽查就成为不可或缺的手段。

通过对产品市场抽查合格率数据的分析，可以进一步查找质量问题产品和企业，摸索产品质量问题的规律，强化数据异动分析研判机制，加强产品质量安全风险监控，从而为产品质量执法监督专项抽查提供重要依据，进一步提高稽查执法效率和针对性。

3. 消费者感受程度

消费者感受程度不仅取决于企业自身或产品实物的质量竞争力，还与企业产品的价格优势密切相关，因此，顾客满意水平与企业竞争力之间不是逻辑上严格的“前因后果”关系。一般而言，顾客满意水平是顾客对企业提供的产品和服务的直接性综合评价，对于服务型企业，企业通常是直接将商品提供给消费者，比较容易确定顾客满意水平与商品实物质量之间的关系，而对于制造型企业，产品销售以及售后服务通常与制造企业自身的关系不太紧密，产品从生产者到消费者之间要经过批发、零售、仓储等流动环节，消费者与制造企业之间不存在直接接触，消费者感受程度不仅与产品的实物质量相关，还受企业自身无法直接控制的流通环节中的服务内容、形式和质量影响。一般来说，在产品价格水平相当的情况下，企业的质量竞争力越强，企业产品的实物质量水平越高，消费者感受程度就会相对较高。反之，如果消费者感受程度较低，则企业的质量竞争力也会较低。导致客户抱怨的质量问题也应该重点关注，抱怨问题的原因或者与企业产品的实物质量水平不高有关，或者与企业质量管理存在疏漏环节或细节差错有关，或者与企业售后服务的能力或技术水平有关。

对某个行业、某个地区或某个国家的顾客满意度情况进行测评，可得到行业、地区和国家的消费者感受程度。消费者感受程度是综合衡量国家（地区）的经济产出质量的宏观指标，为制定宏观经济政策和产业政策提供科学依据，提高企业质量责任意识，营造“政府重视质量、企业追求质量、社会崇尚质量、人人关注质量”的良好氛围。

消费者感受程度反映宏观质量的运行状态是动态的、多维的。它利用一套完善的评价体系，基于对顾客对象的科学抽样方法、动态的评价和发布顾客满意度的总体指数。通过定期发布的顾客满意度的总体指数，既可以横向对比顾客对不同产业、不同领域和不同区域的满意状况，又可以纵向观测顾客满意度的变动状况。这种多维的、动态的满意度指数可以全面、科学地把握一个国家或一个区域总体质量现状。可以根据实时动态的总体质量状态的变动，选择有针对性的宏观质量监管的公共政策，并对宏观质量监管政策的实施效果进行科学的观测和评价。

4. 主营业务利润率

主营业务利润率是企业一定时期主营业务利润与主营业务收入的比率，主要反映了企业主营业务的获利能力，用于评价企业经营效益，体现企业主营业务及企业产品质量、质量创新、质量管理、企业文化的综合实力，包括企业优秀的决策者、质量好的产品、优质的服务、优异的经营策略、合理的费用管理等。

企业主营业务利润率是企业在一定时期的经营成果，而企业主营业务利润质量可以理解为制造企业主营业务实现利润的优劣程度。只有企业产品质量好，竞争力强，深受市场欢迎，才能获得丰厚的主营业务利润。利润质量优劣涉及公司利润形成过程、利润的构成、企业经营管理水平等方面的因素。高质量利润的公司表现为有可观的利润数额、合理的业务结构和稳定的企业业务水平、企业支付能力和生存能力，包括企业所依赖的核心业务具有良好的市场前景，利润具有良好的流动能力，利润带来的净资产能为企业的发展奠定良好的资本基础。

主营业务利润率反映企业核心产品盈利能力，是企业经营成果的重要体现。主营业务的核心主要包括技术服务、制造能力，也体现在市场网络、品牌价值等无形资产和资金流、质量管理能力、质量创新、技术人才数量等方面。只有主营业务利润率保持在一个稳定的数值，才能保证企业拥有充足的资金，足以支撑其正常运转，实现高速发展，否则就谈不上核心盈利能力。

主营业务利润率是企业财务重要内容，利用主营业务利润率分析企业的市场竞争力和市场潜力，具有数据容易取得、计算方便的优点。从企业的主营业务经营方面分析，好的企业的主营业务利润率普遍比较高，净资产收益率高，产品质量好，市场占有率高。

5. 企业景气指数

企业景气调查分析是企业宏观经济分析的一项重要内容，研究对象是市场经济条件下宏观经济的波动，即经济运行过程中出现的扩张和收缩、繁荣与衰退、上升与下降等景气变动现象，可以直接反映企业生产经营状况及宏观经济运行和发展前景。

“企业景气调查”是通过对企业管理者和企业家定期进行问卷调查，根据他们对宏观经济形势和企业生产经营状况做出的判断和预期来编制企业景气指数，从而反映、预测经济发展变动趋势和行业发展动向。其主要内容包括企业基本情况、行业经济景气状况判断、企业生产经营状况判断和企业生产经营问题判断等。企业景气调查方法既能判断目前的经济现象，也能对未来的发展趋势进行预测。小到能了解企业生产动态，引导企业创新管理、提质增效，大到能预测国内生产总值趋势和劳动力市场供求关系变化，判断宏观经济在经济发展周期中的速度曲线。目前，企业景气调查已成为统计工作的一项重要指标，而且还被判定为整个经济景气状况的一个重要参数。与传统统计调查相比，企业景气调查不仅可对调查的经济发展现状做出评述，还可以预测未来趋势。

企业景气指数可由企业景气调查获得，典型的企业景气指数计算方法如下列公式所示：

企业景气指数 =0.4×即期企业景气指数 +0.6×预期企业景气指数；

即期企业景气指数 =（企业负责人对本季度本企业综合经营状况回答“良好”的比重 - 回答“不佳”的比重）×100 +100；

预期企业景气指数 =（企业负责人对预计下季度本企业综合经营状况回答“良好”的比重 - 回答“不佳”的比重）×100 +100。

而企业景气指数的表示形式一般有三种。

（1）用正负百分数形式表示，以 0 作为景气指数的临界值，其数值范围在 -100%～100% 之间。

（2）用正负小数形式表示，以 0 作为景气指数临界值，其数值范围在 -1～1 之间。

（3）用纯正数形式表示，以 100 作为景气指数临界值，其数值范围在 0～200 之间。

当景气指数大于临界值时，表明经济状况趋于上升或改善，处于景气状态；当景气指数小于临界值时，表明经济状况趋于下降或恶化，处于不景气状态。以 0～200 之间的表示形式为例：180 以上为“非常景气”区间，［180，150）为“较强景气”区间，［150，120）为“较为景气”区间，［120，110）为“相对景气”区间，［110，100）为“微景气”区间，100 为景气临界点，（100，90］为“微弱不景气”区间，（90，80］为

"相对不景气"区间，(80，50] 为"较为不景气"区间。

企业景气指数既能判断企业生产经营现状，也能预测未来发展变化的趋势，既能对某个企业或行业经济活动的某个方面进行判断，也能对宏观经济景气动向进行判断。因此，企业景气指数有利于企业把握行业运行和发展动向，提高产品竞争力；有利于政府进行宏观调控，合理制定各项提升区域质量竞争力的政策和措施。

6. 单位产值能耗

单位产值能耗是衡量一个地区能耗水平的综合指标，通常以万元产值消耗的能源（折算为标准煤）来表示，也被称为"能源强度"，反映了该地区生产过程能源利用水平和生产效率。

与发达国家相比，我国废弃物排放多，环境污染严重，每增加单位 GDP 的废水排放量比发达国家高 4 倍，单位工业产值产生的固体废弃物超过发达国家 10 倍。以投入高、产出低、效益低、效率低为特征的粗放式发展模式，给能源和环境带来了巨大的压力，严重损害了生存和发展的物质基础。粗放式的高速低效增长难以为继，只有提高质量和效益，把经济增长方式转换为高速高效发展方式才能持续稳定、健康、可持续的发展。

当前，经济发展正处在转方式调结构的紧要关口，《国民经济和社会发展第十二个五年规划》提出了单位产值能耗降低 16% 的约束性指标，党的十八大报告提出了控制能源消费总量的要求，2013 年国务院常务会议进一步明确，到 2015 年全国能源消费总量控制在 40 亿 tce 左右，用电量控制在 6.15 万亿 kW · h 左右的总量控制目标。党的十八届五中全会提出，坚持绿色发展，必须坚持节约资源和保护环境的基本国策，加快建设资源节约型、环境友好型社会，形成人与自然和谐发展现代化建设新格局，推进美丽中国建设，为全球生态安全做出新贡献。

广州是广东经济发展的重要风向标，同时也面临着严峻的挑战：一是经济周期频繁波动；二是产业结构急需转型；三是投入高，消耗高，产出低，效益低；四是环境污染加剧，环境质量恶化；等等。以牺牲环境资源为代价换取经济增长，高消耗换来高增长的经济增长方式，结果必然是物质资源的浪费和大量污染物造成的环境破坏。

提高能源利用效率是保障经济高质量增长的必然选择，是提升企业产品质量竞争力和市场占有率，增强企业竞争力，实现产业升级，转变经济增长方式的重要途径；是保护环境，节约资源，实施经济效益和生态效益双赢的重要措施。提高能源效率将日益成为在能源资源有限获得的情况下支持广州经济增长的前提条件。因此，选择单位产值能耗指标，能起到大力促进企业、区域提高能源利用效率，提升产品质量竞争力的作用。

7. 质量损失率

国务院颁布的《质量发展纲要（2011—2020 年）》明确提出质量强国的战略方针，纲要中提出："加强宏观质量统计分析，建立健全以产品质量合格率等为主要内容的质量指标体系，推动质量指标纳入国民经济和社会发展统计指标体系"。

企业生产过程的废品率与合格品率此消彼长，实际上反映了产品生产过程废品数量与合格品数量的关系：产生的废品数量就是合格品的减少量。废品数量增加，合格品数量减少，生产成本增加，产值减少。事实上在产品生产中，很难保证合格率达到百分之百，因此企业在生产计划安排的经济指标中，规定了允许范围内的废品率或质量损失指标，反映质量管理体系运行的水平和有效性，达到总体把握和控制产品质量的目的。在进行质量成本分析时，要将不同时期的质量成本总额、质量成本构成、故障成本进行统计、比较，以观察研究分析影响质量的关键因素、质量改进方向和质量损失的发展趋势，不断分析原因，采取措施，降低企业的质量损失率，增加经济效益。因此，开展质量损失率统计具有以下重要作用与意义。

（1）促使企业领导重视产品质量，深入开展产品质量提升工作。通过质量损失率统计，让企业领导了解企业生产的质量水平；通过计算质量损失率，能够具体看到生产运用和质量管理中存在的问题，以及对企业经济效益的影响和提升空间。从经济效益上促使领导重视产品质量，有针对性地支持各项质量提升和改进计划的贯彻实施，提高企业质量管理水平和产品质量。

（2）引导企业在产品生产经营等活动中关注过程控制。开展质量管理和价值提升活动，压缩各种费用和减少各种质量损失，使企业在产品、技术、过程和质量管理等各方面有机联系在一起，找出企业在产品质量方面的弱项，推动企业管理更加精细化。

（3）降低内部损失和外部损失，提升企业竞争力。在质量日趋同质化的情况下，在相同的质量条件下，内外部质量损失越少，企业越具竞争力。通过推行各项降低质量损失的措施，减少原材料的使用，节约成本，优化资源配置，促进、完善企业质量成本控制工作，同时产品质量达到用户满意水平，不断提高经济效益和社会效益；提升企业质量管理水平与产品质量，增加企业效益。

8. 研发及技术改造经费比重

研发及技术改造经费中，在研究与开发（R&D）经费的基础上增加了技术改造方面的经费，这一调整目的是更好地提升企业在质量创新方面的主体作用。研发及技术改造经费是衡量一个地区科技投入的核心指标，是监测一个地区创新能力的重要数据，反映该地区对于科技进步和技术改造创新的投入力度和发展水平。

企业通过加强研发及技术改造经费投入，提高创新能力，创造具有较强竞争实力的新产品、新技术，将技术和经济有机结合，从而扩大市场占有率，提高进出口贸易能力，获取商业利益，为建设创新型城市奠定战略基础。

近年来，广州研发经费投入强度逐年提升，已经超越全国水平。“十三五”期间，广州还必须继续加大科技创新的投入力度，将 R&D 经费占 GDP 的比重提升至 2.8%～3.0%。较高强度的研发投入，使得广州制造业的产业链进一步延伸和融合，高技术、高附加值含量的行业、企业增多成为发展的趋势。

研发及技术改造活动的资金投入按照来源渠道不同可分为企业自筹、政府资助、国外资金和金融机构贷款等，其中企业自筹和政府资助占多数比例。企业自筹资金进行研究发明和技术改造，由利润驱动，多用于应用性研究，研发及技术改造活动创造的新技术、新产品、新工艺是企业的无形资产。政府资助具有导向性，多用于基础性研究，或者持续周期较长，具有一定风险，需要大规模投入资金和人力。

研发及技术改造活动的执行主体一般为企业、科研机构、高校。过去由于体制的原因，我国研发和技术改造活动多由政府科研机构和高校承担，随着我国金融体制改革的深入，在市场机制的作用下，更多的企业开始参与到研发和技术改造活动中来，并且逐渐成为我国技术创新和应用活动第一大执行主体，有利于按照供给侧结构改革的要求研发，更好地满足市场需求。

9. 万人发明专利拥有量

万人发明专利拥有量是指每万人拥有经国内外知识产权行政部门授权且在有效期内的发明专利件数，在转方式、调结构、谋发展的关键时期，用于衡量一个国家或地区质量创新能力、科研产出质量和市场应用水平。利用万人发明专利拥有量指标，可以区分一个企业的生存方式是以制造为主还是以创造为主，可以区分一个国家和地区的发展是资源型模式还是创新型模式。

企业拥有自己的发明专利，不仅能在短期内为企业带来切实的收入，而且能够给企业带来长远的利益，具体表现在以下几个方面。

（1）有利于保护自己的技术。开发的新产品、新方法以及产品或技术的改进都可以申请专利，通过专利的公开活动、专利的独占许可，得到专利法的保护，防止他人模仿本企业开发的新技术、新产品，避免他人侵犯知识产权，使企业立于不败之地。

（2）有利于增加企业的无形资产。企业申请专利或者授权后，可以依照专利法进行专利技术的转让、专利许可、专利质押融资；如果企业在专利许可过程中，对专利技术进行改进，继而申请专利，还可以与原始专利权人进行交叉许可，不再支付或者减少许可费用，增加企业效益。发明专利也可以作为一种软实力，提高企业的知名度和影响力。

（3）有助于增加企业的科技实力。企业拥有完整的专利数据库以及高水平的专利发明队伍，为企业以后的发展积蓄前进的动力，进一步提升公司产品的科技含量，增强产品的先进性，为企业的再发展提供强有力的科技支撑，提高企业的核心竞争力。

当前，广州正处于跨越发展的关键时期。发明专利拥有量已经成为转变经济发展方式、建设创新型市场和提高核心竞争力的重要组成部分，意味着广州将更加注重专利战略，为建设创新型城市提供有力支撑。

广州市一些生产领域的主要技术和关键设备还需依赖进口，拥有的自主品牌少，相当多的企业只能贴牌生产而被迫支付高额专利费。如果一个地区的自主创新能力上不去，只能一味依靠进口，将难以摆脱技术落后的局面。面对严峻的现实，必须突破制约广州经济社会发展的关键技术，加强专利申请意识，保护知识产权，加强质量创新载体和服务平台建设，提高创新成果产出率和转化运用，为自主创新营造良好氛围和环境，确保广州市产品质量水平，打造更多世界级知名品牌。

10. 劳动生产率

劳动生产率是指劳动者在生产中的劳动效率，即在一定时期内创造的劳动成果与其相对应的劳动消耗量的比值。目前我国的全员劳动生产率是工业企业的工业增加值与同一时期全部从业人员的平均人数的比值。提高劳动生产率是降低产品成本和提高经济效益的重要方法，是企业发展生产的重要途径，是改善劳动者物质文化生活的重要条件，是增加社会财富的重要保证。

决定劳动生产率高低的因素有很多，主要有以下几个方面。

（1）劳动者的平均熟练程度。它是影响劳动生产率的重要因素。劳动者的平均熟练程度越高，生产同等数量和质量的产品所需的劳动时间越短，劳动生产率就越高。可以通过完成生产职能的实践提高劳动者的熟练程度。劳动者的平均熟练程度不仅指劳动实际操作技术，也包括劳动者适应新的工艺流程和接受新的生产技术手段的能力。

（2）科学技术的发展程度。科学技术越现代化，运用越广泛，劳动生产率也就越高。

（3）生产与运作的管理。主要包括围绕产品生产进行的一系列有组织的劳动者的分工、协作和劳动过程以及与此相适应的工艺规程和生产管理方式。

（4）生产资料的规模和产能利用率。它主要指设备有效利用的程度，对原材料、燃料和动力等利用的效率。

劳动生产率是衡量一个地区经济发展水平和生产力发展水平的核心指标，是从业人员素质、职工技术熟练程度、生产管理水平、产业技术结构、工艺水平以及设备先进程度等的综合表现。因此，劳动生产率的提高对地区经济发展起到了很大的带动作用，在一定程度上综合反映了地区的先进程度和竞争优势。

劳动生产率决定着商品价值量，继而决定社会生产力的发展水平。劳动者是生产资料的主人，充分发挥劳动者的积极性和主动性，从而为劳动生产率的提高开辟了广阔的道路。只有不断提高劳动生产率，才能发展社会生产力。

第四节 指标权重的确定

采用层次分析法对指标体系建模，并计算得出各指标权重。层次分析法（analytical hierarchy process，AHP）是在20世纪70年代由美国运筹学家萨蒂教授首创的一种系统化、层次化的分析方法，它的基本思路是对复杂系统所包含的因素及其相互关系进行分析，将问题分解为不同的要素，并将这些要素按照不同的属性归并为若干层次，从而建立一个多层次结构模型。按某一规定准则，对每一层诸要素进行逐对比较，写成矩阵形式，构造判断矩阵，直到最下层。通过计算矩阵的最大特征根及其相对应的特征向量，利用一致性检验，获得权重。在此基础上进行最下层要素对于总体目标的组合权重的计算，从而得出不同设想方案的权重，为最终决策提供依据。

层次分析法的基本步骤如下。

1. 建立层次结构模型

层次结构模型是指将问题包含的因素分组，每一组作为一个层次，并由最高层至最低层建立递阶的层次结构。最高层又叫目标层，是AHP法解决问题的目标。对于企业质量竞争力分析，目标层是企业的质量竞争力。中间层也被称为策略层、约束层，选择为实现目标所必需的几个因素或方案等。企业质量竞争力评价指标体系的中间层为表现要素、支持要素和根源要素，该中间层的每一个要素也由不同的因素或方案构成下一层中间层。最低层一般为方案层或措施层。本研究中广州市制造业质量发展指数指标体系的最低层由10个评价指标构成，中间层由4个二级指标构成。层次分析法的关键是层次的正确划分和各因素间关系的正确描述。项目组经过研究，建立了具有层次结构的广州市制造业质量发展指数指标体系，其层次结构如表4－3所示。

表 4－3　广州市制造业质量发展指数指标体系

一级指标（目标层）	二级指标（中间层）	三级指标（最低层）
广州市制造业质量发展指数	产品实物质量	产品监督抽查合格率 产品市场抽查合格率
	市场表现与消费者感受	消费者感受程度 主营业务利润率 企业景气指数
	质量管理水平	单位产值能耗 质量损失率
	质量创新能力	研发及技术改造经费比重 万人发明专利拥有量 劳动生产率

2. 构造判断矩阵

构造判断矩阵是 AHP 法的关键环节，需要对层次结构中每一层次元素的重要性做出判断，然后引入合适的标度，用一定的数量表示出来，形成判断矩阵。判断矩阵元素的值反映了群体基于客观实际对各因素相对重要程度的主观认识与评价，采用基数 1，2，…，9 及其倒数的标度方法对各因素进行赋值。

判断矩阵用于比较上一层次某元素、本层次与之有关的元素之间的相对重要性。假定 A 层次中，元素 A_K 与下一层元素 C_1，C_2，…，C_n 有联系，构造的判断矩阵 $\boldsymbol{P}$ 如图 4－2 所示。

$$\begin{array}{cccccc} A_K & C_1 & C_2 & C_3 & \cdots & C_n \\ C_1 & C_{11} & C_{12} & C_{13} & \cdots & C_{1n} \\ C_2 & C_{21} & C_{22} & C_{23} & \cdots & C_{2n} \\ \cdots & \cdots & & & & \\ C_n & C_{n1} & C_{n2} & C_{n3} & \cdots & C_{nn} \end{array}$$

图 4－2　判断矩阵 $\boldsymbol{P}$

其中标度 C_{ij}表示对 A_K 而言，C_i 对 C_j 的相对重要性的数值表现形式。这样一来，就需要对如偏爱、优劣性等难以确定的量，加以粗略的定量。根据 AHP 1—9 标度法则，人们设定标度 C_{ij}的取值范围为 1，2，…，9，其含义如表 4 – 4 所示。

表 4 – 4　判断矩阵标度及其含义

标度	含义
1	C_i 和 C_j 同等重要
3	C_i 和 C_j 相比稍微重要
5	C_i 和 C_j 重要
7	C_i 和 C_j 重要得多
9	C_i 和 C_j 相比是极其重要
2，4，6，8	C_i 和 C_j 的重要性在上述描述之间
1，2，…，9 的倒数	C_i 和 C_j 的不重要性的描述

判断矩阵具有下列性质：

$$C_{ij} > 0,\ C_{ij} = \frac{1}{C_{ji}}。$$

在代数中，将符合上面条件的矩阵称为正互反矩阵，显然有 $C_{ij} \cdot C_{ji} = 1$。在正互反矩阵中，如果各元素皆存在如下关系：$C_{ij} = C_{ik} \times C_{kj}$，那么这个矩阵就具有完全一致性。然而，由于人们思维的多样性、客观事物的复杂性和可能产生的片面性，不可能每一个矩阵都具有完全一致性，因此，需要对判断矩阵做一致性检验，通过检验后，特征向量即为权向量，否则需要重新构建判断矩阵，一致性检验和排序同步进行。

3. *层次单排序*

层次单排序是本层次所有因素对上一层次而言相对重要性排序的基础，也是总排序的基础。层次单排序根据判断矩阵，计算对于上一层中某元素而言，本层次与之有联系的元素的重要性权重。

层次单排序可以归结为计算判断矩阵的最大特征值和与之相对应的特征向量。一般来讲，由于判断矩阵有相当的误差范围，所以计算并不追求较高的精确度。而且，就各种因素的排序而言，也是一种定性的概念，因此可以采用近似的计算方法。本文的计算采用和积法，具体步骤如下：

（1）对判断矩阵每一列进行正规化；

（2）每一列正规化后的判断矩阵按行求和，得向量 $\boldsymbol{w}_i$；

（3）对向量 $\boldsymbol{w}_i$ 正规化，所得向量 $\boldsymbol{W}$ 即正规化特征向量；

（4）计算判断矩阵的最大特征根 $\lambda_{\max}$，公式如下：

$$\lambda_{\max} = \frac{1}{n}\sum_{i=1}^{n}\frac{\boldsymbol{PW}}{\boldsymbol{w}_i}。$$

根据矩阵理论，当判断矩阵具有完全一致性时，最大的特征根 $\lambda_{\max} = n$，且除 $\lambda_{\max}$外，其余特征根均为 0。如已知判断矩阵 $\boldsymbol{P}$，即计算满足 $\boldsymbol{PW} = n\boldsymbol{W}$ 的特征根 n 及对应的特征向量 $\boldsymbol{W}$。

对事物或系统的评价，无法对两个评价对象给出精确的相互比较的度量，只能对它们进行估计判断，因此，实际给出的 C_{ij} 判断与理想值有偏差，即不可能保证判断矩阵有完全一致性。这样，根据矩阵理论，相对应地，判断矩阵 $\boldsymbol{P}$ 的特征根，也将发生变化。那么新的问题则归结为：

$$\boldsymbol{PW} = \lambda_{\max}\boldsymbol{W}。$$

式中：$\lambda_{\max}$——判断矩阵的最大特征根；$\boldsymbol{W}$——对应于 $\lambda_{\max}$ 的特征向量。

通常利用一致性指标 CI 检验判断矩阵的一致性，计算公式如下：

$$\mathrm{CI} = \frac{\lambda_{\max} - n}{n - 1}。$$

如果判断矩阵具有完全一致性，那么有 $\lambda_{\max} = n$，则 CI = 0；如果 $\lambda_{\max}$ 略大于 n，则判断矩阵具有满意一致性。

美国数学家 Saaty 运用判断矩阵的平均随机一致性指标 RI，随机构造了 500 个相关矩阵，对于不同的 n 阶矩阵，得到对应的 RI 值，以便更好地检验判断矩阵的一致性。随机性指标 RI 值如表 4－5 所示。

表 4－5　随机性指标 RI 值

阶数 n	1	2	3	4	5	6	7	8	9	10
RI	0. 00	0. 00	0. 58	0. 90	1. 12	1. 24	1. 32	1. 41	1. 45	1. 49

由判断矩阵的定义可知，一阶、二阶判断矩阵总是完全一致的。

当阶数大于 2 时，用 CR 表示判断矩阵的一致性指标 CI 与同阶的平均随机一致性指标 RI 之比，即判断矩阵的一致性比例，计算公式如下：

$$\mathrm{CR}=\frac{\mathrm{CI}}{\mathrm{RI}}。$$

当 $n=1$ 或 2 时，判断矩阵具有完全一致性，定义 CR = 0；当 $n>2$，若求得 CR < 0.1，那么判断矩阵具有满意一致性，该判断矩阵可以用作层次分析，若求得 CR≥0.1，则判断矩阵不具有满意一致性，需要对判断矩阵进行调整和修正，直到矩阵满足 CR < 0.1 为止。

4. 层次总排序

层次总排序应沿着整个层次结构自上而下进行计算，即可计算出最低层元素相对于最高层次元素的相对重要性权重的排序值。

我们将上一层次各个元素分别作为下一层次各元素间相互比较判断的准则，得到下一层次元素相对于上一层次各元素的相对重要性权重，然后用上一层次元素的组合权重加权，即可得到下一层次元素相对于上一层次整个层次的组合权重，即层次总排序。如上一层次所有元素 A_1，A_2，…，A_n，得到权重分别为 a_1，a_2，…，a_n，与具有权重 a_1 的元素 A_1 对应的本层次元素 B_1，B_2，…，B_n 的排序结果为 b_{11}，b_{12}，…，b_{1n}，最终得到层次总排序，如表 4 - 6 所示。

表 4 - 6　层次总排序

层次 B	层次 A				总排序
	A_1	A_2	…	A_m	
B_1	a_1b_{11}	a_2b_{12}	…	a_mb_{1m}	$\sum_{i=1}^{m}a_ib_{1i}$
B_2	a_1b_{21}	a_2b_{22}	…	a_mb_{2m}	$\sum_{i=1}^{m}a_ib_{2i}$
…	…	…	…	…	…
B_n	a_1b_{n1}	a_2b_{n2}	…	a_mb_{nm}	$\sum_{i=1}^{m}a_ib_{ni}$

5. 一致性检验

层次总排序的一致性检验要计算与 A_i 对应的 B 层次中判断矩阵的一致性指标和随机一致性指标。

CI：层次总排序一致性指标；

RI：层次总排序随机一致性指标；

CR：层次总排序随机一致性比例。

其计算公式分别为：

$$CI = \sum_{i=1}^{m} a_i CI_i;$$

$$RI = \sum_{i=1}^{m} a_i RI_i;$$

$$CR = \frac{CI}{RI}。$$

若 CR <0.1，层次总排序具有满意一致性，否则必须对本层次的各判断矩阵进行调整和修正，直到 CR 的值小于 0.1 为止。

利用层次分析法计算评价指标的权重可以减少主观因素的影响。如果人的主观判断与客观实际偏离，CR 的值将显示出这种错误，提醒我们对判断矩阵做出调整，所以这种方法可以方便地检验指标体系的合理性。

经过研讨，本研究应用层次分析法，进行分析计算和检验层次单排序一致性，得到指标体系权重，如表 4 –7 所示。

表 4 –7　广州市制造业质量发展指数指标体系权重

一级指标	二级指标（权重）	三级指标（C）
广州市制造业质量发展指数	产品实物质量（0.3576）	产品监督抽查合格率（0.1788）
		产品市场抽查合格率（0.1788）
	市场表现与顾客感受（0.2320）	消费者感受程度（0.1027）
		主营业务利润率（0.0898）
		企业景气指数（0.0394）
	质量管理水平（0.1067）	单位产值能耗（0.0800）
		质量损失率（0.0267）
	质量创新能力（0.3038）	研发及技术改造经费比重（0.1789）
		万人发明专利拥有量（0.0765）
		劳动生产率（0.0484）

第五章 /
广州市制造业质量发展指数的评价方法

在建立了质量发展指数的指标体系之后，需要对所确定的各级评价指标进行相对准确的测量。换言之，就是要针对质量发展指数的指标体系中的三级指标设计出易于测量、具有明确的经济与管理意义且基本互相独立的观测变量。根据当前质量基础信息的采集能力和现状，确定指标测量和计算的方法。

第一节　指标参数的定义

为了研究方便，使用 QCI 表示区域产品质量竞争力指数；

使用 Y_k 表示第 k（$k=1$，2，3，4）个二级指标在统计期内的值，使用 α_k 表示第 k 个二级指标的权重；

使用 X_j 表示第 j（$j=1$，2，3，…，10）个三级指标在统计期内的值，使用 β_j 表示第 j 个三级指标的权重。

对于以行业数据汇总的三级指标（包括产品监督抽查合格率、研发及技术改造经费比重、万人发明专利拥有量、单位产值能耗、消费者感受程度、主营业务利润率和企业景气指数）的计算，根据《国民经济行业分类》（GB/T4754—2011，制造业）中将制造业划分为 29 个行业，每个三级指标值由 29 个行业原始值加权汇总所得，使用 $x_{i,j}$ 表示第 i（$i=1$，2，3，…，29）个行业第 j 个观测变量在统计期内的原始值，使用 γ_i 表示第 i 个行业的权重。重大质量安全事故事件数和专利标准化数直接从区域层面考虑。

第二节　一级指标计算方法

一级指标 QCI 为二级指标 Y_k 的加权和，计算公式如下：

$$\mathrm{QCI} = \sum_{k=1}^{4} \alpha_k Y_k \text{ 。}$$

式中，Y_k 为第 k（$k=1$，2，3，4）个二级指标；α_k 为第 k 个二级指标的权重。

第三节　二级指标计算方法

二级指标 Y_k 为三级指标 X_j 的加权和，计算公式如下：

$$Y_k = \sum_{j=1}^{10} \beta_j X_j \text{ 。}$$

式中，X_j 为第 j（$j=1$，2，…，10）个三级指标；β_j 为第 j 个三级指标权重。

1. 产品实物质量（Y_1）

$$Y_1 = X_1\beta_1 + X_2\beta_2$$

式中，X_1 为产品监督抽查合格率，β_1 为其权重；X_2 为产品市场抽查合格率，β_2 为其权重。

2. 市场表现与消费者感受（Y_2）

$$Y_2 = X_3\beta_3 + X_4\beta_4 + X_5\beta_5$$

式中，X_3 为消费者感受程度，β_3 为其权重；X_4 为主营业务利润率，β_4 为其权重；X_5 为企业景气指数，β_5 为其权重。

3. 质量管理水平（Y_3）

$$Y_3 = X_6\beta_6 + X_7\beta_7$$

式中，X_6 为单位产值能耗，β_6 为其权重；X_7 为质量损失率；β_7 为其权重。

4. 质量创新能力（Y_4）

$$Y_4 = X_8\beta_8 + X_9\beta_9 + X_{10}\beta_{10}$$

式中，X_8 为研发及技术改造经费比重，β_8 为其权重；X_9 为万人发明专利拥有量，β_9 为其权重；X_{10}为劳动生产率，β_{10}为其权重。

第四节　三级指标计算方法

1. 产品监督抽查合格率

产品监督抽查合格率（X_1），为从企业现场抽样合格产品总数与抽样总数的比率，全面反映区域内企业生产产品的质量水平。

数据来源：X_1 为统计期内 29 个行业数据加权和，$x_{i,1}$表示 i 行业统计期内产品监督抽查合格率算术平均值。其中出厂抽样合格产品总数及出厂抽样总数来源于企业现场抽样调查。

计算公式为：

$$X_1 = \sum_{i=1}^{29} \gamma_i x_{i,1},$$

其中：

$$x_{i,1} = \frac{a_{i,1}}{A_{i,1}} \times 100\% 。$$

式中，$a_{i,1}$表示 i 行业统计期内出厂抽样合格产品总数；$A_{i,1}$表示 i 行业统计期内出厂抽样总数。

2. 产品市场抽查合格率

产品市场抽查合格率（X_2），即从市场抽样合格产品总数与抽样总数的比率，全面反映区域内市场销售产品的质量水平。

数据来源：X_2 为统计期内 29 个行业数据加权和，$x_{i,2}$表示 i 行业统计期内产品市场抽查合格率算术平均值。其中市场抽样合格产品总数及抽样总数来源于产品市场抽查。

数据获取方式：产品市场抽查合格率从市场抽查获取。

计算公式为：

$$X_2 = \sum_{i=1}^{29} \gamma_i x_{i,2},$$

其中：

$$x_{i,2} = \frac{a_{i,2}}{A_{i,2}} \times 100\% 。$$

式中，$a_{i,2}$表示 i 行业统计期内市场抽样合格产品总数；$A_{i,2}$表示 i 行业统计期内市场抽样总数。

3. 消费者感受程度

消费者感受程度（X_3），为消费者对产品的感知质量、品牌形象、感知价值、满意度的综合感受程度。

数据来源：X_3 为统计期内 29 个行业相关数据的加权和，$x_{i,3}$ 为 i 行业消费者对于产品质量的感受程度。本指标是对消费者满意度调查中的定性问题，通过网上问卷调查、电话问卷调查以及现场问卷调查等方式获取。

数据获取方式：消费者感受程度可从当年《政府质量工作社会公众满意度测评分析报告》获得。

计算公式为：

$$X_3 = \sum_{i=1}^{29} \gamma_i x_{i,3} 。$$

4. 主营业务利润率

主营业务利润率（X_4）为企业主营业务利润与主营业务收入的比率，反映企业在报告期内获取利润的能力。

数据来源：X_4 为统计期内 29 个行业相关数据的加权和，$x_{i,4}$ 为 i 行业统计期内规模以上企业主营业务利润总额与主营业务收入总额的比率。其中主营业务利润及主营业务收入来源于企业财务报表，由统计部门汇总。

数据获取方式：主营业务利润及主营业务收入从国家统计局编写的 2012—2016 年《中国统计年鉴》获取。

计算公式为：

$$X_4 = \sum_{i=1}^{29} \gamma_i x_{i,4} ，$$

其中：

$$x_{i,4} = \frac{a_{i,4}}{A_{i,4}} \times 100\% 。$$

式中，$a_{i,4}$表示 i 行业统计期内主营业务利润总额；$A_{i,4}$表示 i 行业主营业务收入。

5. 企业景气指数

“企业景气指数”（X_5）是对景气调查中的定性问题通过定量方法加工汇总，综合反映 i 行业所处的状态或发展趋势的一种指标。当景气指数的数值介于 0 和 200 之间时，100 为景气指数的临界值。当景气指数大于 100 时，表明所处状况趋于上升或改善，处于景气状态，越接近 200 状态越好；当景气指数小于 100 时，表明所处状况趋于下降或恶化，处于不景气状态，越接近 0 状态越差。

数据定义和来源：X_5 为统计期内 29 个行业相关数据的加权和，$x_{i,5}$ 为 i 行业的景气指数。景气指数来源于统计部门对企业的问卷调查，由统计部门汇总。

数据获取方式：企业景气指数可从国家统计局每月发布的中国制造业采购经理指数获取。

计算公式为：

$$X_5 = \sum_{i=1}^{29} \gamma_i x_{i,5} \text{。}$$

式中，$x_{i,5}$ 为直接获取数值。

6. 单位产值能耗

单位产值能耗（X_6）为能源消费总量与工业生产总值的比率，是反映能源消费水平和节能降耗状况的主要指标。该指标说明一个区域经济活动中对能源的利用程度，反映了能源利用效率的变化和对环境的适应程度。

数据来源：X_6 为统计期内 29 个行业相关数据的加权和，$x_{i,6}$ 表示 i 行业统计期内规模以上企业能源消费总量与工业生产总值的比率。其中能源消费总量一般来源于企业能源报表，为企业统计期内用于生产各种能源数量之和；工业生产总值一般来源于企业生产报表，为企业统计期内生产的以货币形式表现的工业最终产品和提供工业劳务活动的总价值。

数据获取方式：能源消费总量（吨标准煤）从国家统计局编写的 2012—2016 年《中国统计年鉴》“按行业分能源消费量”中的“能源消费总量”统计项获取，工业生产总值（万元）从 2012—2016 年《中国统计年鉴》“按三次产业分地区生产总值”中的“地区生产总值分行业增加值”统计项获取。

计算公式为：

$$X_6 = \sum_{i=1}^{29} \gamma_i x_{i,6} \text{，}$$

其中：

$$x_{i,6} = \frac{a_{i,6}}{A_{i,6}} \times 100\% \text{。}$$

式中，$a_{i,6}$ 表示 i 行业统计期内规模以上企业能源消费总量（吨标准煤）；$A_{i,6}$ 表示 i 行业统计期内工业生产总值（万元）。

7. 质量损失率

质量损失率（X_7）是指产品质量成本的内部损失和外部损失成本之和与工业总产值之比，反映企业质量管理水平状况。质量损失率是质量指标体系中一个重要的经济指标，为国民经济的决策提供科学依据。

数据来源：X_7 为统计期内 29 个行业数据加权和，$x_{i,7}$ 表示 i 行业统计期内质量损失率的算术平均值。

数据获取方式：对企业进行实际调查。

计算公式为：

$$X_7 = \sum_{i=1}^{29} \gamma_i x_{i,7} ,$$

其中：

$$x_{i,7} = \frac{\sum_{j=1}^{n} F_{i,j}}{n} 。$$

式中，$F_{i,j}$表示 i 行业统计期内 j 企业的质量损失率，n 表示 i 行业统计期内调查质量损失率的企业数，$F_{i,j}$计算公式为：

$$F_{i,j} = \frac{C_i + C_e}{P_c} \times 100\% 。$$

式中，C_i 表示内部损失成本（现行价），万元；C_e 表示外部损失成本（现行价），万元；P_c 表示工业总产值（现行价），万元。

工业总产值是指用“工厂法”计算的，以货币表现的工业企业在一定时期内生产经营活动的总成果，包括成品价值、工业性作业价值和自制半成品、在制品期末期初差额价值（期末差价值减去初差额价值）。

内部损失成本是指产品交货前因不满足规定的质量要求所损失的费用，内部损失成本的统计范围如下。

（1）报废损失费。因成品、半成品、在制品等达不到质量要求且无法修复或在经济上不值得修复，造成报废所损失的费用以及外购元器件、零部件、原材料在采购、运输、仓储、筛选等过程中因质量问题所损失的费用。

（2）返修（工）损失费。其为修复不合格品并使之达到质量要求所支付的费用，包括人工费，更换零部件、原材料的费用，半成品在生产过程中的返修（工）费用。

（3）停工损失费。因质量问题造成停工所损失的费用。

（4）产品质量事故处理费。因处理内部产品质量事故所支付的费用，如重复检验或重新筛选支付的费用。

外部损失成本是指产品交货后因不满足规定的质量要求，导致索赔、修理、更换或信誉损失等所损失的费用，外部损失成本的统计范围如下。

（1）索赔损失费。因产品质量不符合要求，对用户提出的申诉，进行赔偿、处理所支付的费用。

（2）退、换货损失费。因产品质量不符合要求造成用户退货、换货所损失的费用，包括损失费、运输费和退回产品的净损失等。

（3）折价损失费。因产品质量未达到质量标准，折价销售所损失的费用。

（4）保修损失费。根据保修规定，为用户提供修理服务所支付的费用，以及保修服务人员的工资总额及提取的职工福利基金。

上述费用的收集渠道：

（1）从现有的各种会计原始凭证和会计账户中直接获得；

（2）从现有的各种会计原始凭证和会计账户中分析获得；

（3）从统计原始资料或凭证中分析获得；

（4）从各种质量原始资料或凭证中分析获得。

8. 研发及技术改造经费比重

研发及技术改造经费比重（X_8），为企业研发及技术改造的经费总额与主营业务收入总额的比率，反映研发与技术改造经费投入的力度和技术进步水平。

数据来源：X_8 为统计期内 29 个行业相关数据的加权和。$x_{i,8}$ 表示 i 行业在统计期内规模以上企业研发及技术改造的经费总额与主营业务收入总额的比率。研发经费、技术改造经费和主营业务收入数据来源于规模以上企业，由相关部门汇总而得。

数据获取方式：技术改造经费总额从《工业企业科技活动统计年鉴》获取，研发经费总额从国家统计局编写的 2012—2016 年《中国统计年鉴》中“分地区规模以上工业企业研究与试验发展（R&D）活动及专利情况”中的“R&D 经费（万元）”统计项获取。主营业务收入总额从国家统计局编写的 2012—2016 年《中国统计年鉴》的“规模以上工业企业主要指标”

中的“主营业务收入”统计项获取。

计算公式为：

$$X_8 = \sum_{i=1}^{29} \gamma_i x_{i,8} ,$$

其中：

$$x_{i,8} = \frac{a_{i,8} + b_{i,8}}{A_{i,8}} \times 100\% 。$$

式中，$a_{i,8}$表示 i 行业统计期内技术改造经费总额；$b_{i,8}$表示研发经费总额；$A_{i,8}$表示 i 行业统计期内主营业务收入总额。

9. 万人发明专利拥有量

万人发明专利拥有量（X_9）是国际通用指标，主要体现一个国家或地区的自主创新能力。专利一般分为发明专利、实用新型专利和外观设计专利三种类型。在三种专利中，发明专利的技术含量最高、创新价值最大、核心竞争力最强，保护期也最长，达到 20 年。

数据来源：X_9 为统计期内 29 个行业数据的加权和，$x_{i,9}$表示 i 行业每万人拥有经国内外知识产权行政部门授权且在有效期内发明专利数量。其中发明专利数来源于企业获授权的专利数量，由相关部门汇总；从业人员数来源于企业统计期内最后一日 24 时在本单位工作，并取得工资或其他形式劳动报酬的人员数。

数据获取方式：拥有发明专利数从国家统计局 2012—2016 年《中国统计年鉴》“各地区国内三种专利申请受理数和授权数”获取；从业人员数从国家统计局 2012—2016 年《中国统计年鉴》的“按城乡分就业人员数”中的“从业人员年末人数”统计项获取。

计算公式为：

$$X_9 = \sum_{i=1}^{29} \gamma_i x_{i,9} ,$$

其中：

$$x_{i,9} = \frac{a_{i,9}}{A_{i,9}} \times 100\% 。$$

式中，$a_{i,9}$表示 i 行业统计期内拥有发明专利数；$A_{i,9}$表示 i 行业统计期内从业人员数。

10. 劳动生产率

劳动生产率（X_{10}）为劳动者在一定时期内创造的劳动成果与其相适应的劳动消耗量的比值，反映社会生产力的发展水平。

数据定义：X_{10}表示统计期内区域内所有从业人员的人均工业增加值。

数据获取方式：广州市制造业劳动生产率从统计期的第二年的《广州统计信息手册》获取。

第五节　标准化转换方法

由于定量指标的经济意义不同、表现形式不一样，有的是绝对值指标，有的是相对值指标，各指标对评价体系的作用也不一样，有的是正指标，有的是逆指标，还有的是适度指标，各个指标之间不具有可比性。因此，为了对各定量指标进行综合评价，有必要对各个定量指标进行标准化处理，通过数学变换来消除原始变量（指标数值）量纲影响的方法。

为了消除三级指标变量的不同量纲和数量级别差异对最终质量竞争力指数运算的影响，通过实施标准化转换将各种不同性质的指标变量原始数据 x_{ij}（t）（称为原始值）转化为基于百分制得分的标准化数据 s_{ij}（t）（称为标准值）。用于标准化转换的典型方法主要有 7 种，本项目采用基于最大、最小值的标准化转换法。由于该标准转换法属于线性变换方法，而且易于操作，因而在各种指标体系类研究中得到广泛应用。本项目研究也主要参考该标准化转换方法。为减小得分范围，将得分区间限制在 60 ～ 100 之间，标准化转换公式如下。

（1）正相关指标的标准值：

$$s_{ij}(t) = \frac{x_{ij}(t) - \mathrm{Min}\{x_{ij}(t);i = 1,\cdots,n\}}{\mathrm{Max}\{x_{ij}(t);i = 1,\cdots,n\} - \mathrm{Min}\{x_{ij}(t);i = 1,\cdots,n\}} \times 40 + 60$$

（2）负相关指标的标准值：

$$s_{ij}(t) = \frac{\mathrm{Max}\{x_{ij}(t);i = 1,\cdots,n\} - x_{ij}(t)}{\mathrm{Max}\{x_{ij}(t);i = 1,\cdots,n\} - \mathrm{Min}\{x_{ij}(t);i = 1,\cdots,n\}} \times 40 + 60$$

第六章 /

广州市制造业质量发展指数实证分析[①]

第一节　三级指标数据获取

1. 产品监督抽查合格率

2012—2015 年的产品监督抽查合格率数据来源及指标值见表 6－1，由于报告中指标分为国家抽查结果、广东省抽查结果、广州市抽查结果三项，因此对于一年的数据，取三个数据平均值，其中 2015 年的数据暂缺。

表 6－1　产品监督抽查合格率数据

年份	来源	结果/%	
2012	《2012 年广州市质量状况分析报告》	国家	93.0
		广东省	81.6
		广州市	94.8
		平均	89.8
2013	《2013 年广州市质量状况分析报告》	国家	90.2
		广东省	82.9
		广州市	95.7
		平均	89.6
2014	《2014 年广州市质量状况分析报告》	国家	95.9
		广东省	85.3
		广州市	95.5
		平均	92.2
2015	《2015 年广州市质量状况分析报告》	缺失	缺失

① 由于无法从公开的数据获取渠道中获得所有分行业数据，本次实证分析采用广州市整体不分行业的数据，以实际采集数据为准。

2. 产品市场抽查不合格率①

2012—2015 年的产品市场抽查不合格率数据来源及指标值见表 6-2，其中《广州市工商局 2013 年工作总结及 2014 年工作计划》中该项数据缺失。

表 6-2　产品市场抽查不合格率数据

年份	来源	结果/%
2012	《广州市工商局 2012 年工作总结》	14.59
2013	《广州市工商局 2013 年工作总结及 2014 年工作计划》	缺失
2014	《广州工商统计年报（2014 年）》	21.80
2015	《广州市工商局 2015 年工作总结及 2016 年工作计划》	18.75

3. 消费者感受程度

2014—2015 年的消费者感受程度数据来源及指标值见表 6-3。

表 6-3　消费者感受程度数据

年份	来源	结果/%
2014	《2014—2015 年政府质量工作社会公众满意度测评分析报告》	77.70
2015	《2015—2016 年政府质量工作社会公众满意度测评分析报告》	81.64

4. 主营业务利润率

2012—2015 年的主营业务利润率数据来源及指标值见表 6-4。

表 6-4　主营业务利润率数据

年份	来源	结果/%
2012	《广州统计信息手册 2013》	5.25
2013	《广州统计信息手册 2014》	6.39
2014	《广州统计信息手册 2015》	6.37
2015	《广东工业统计年鉴 2015》	6.37

① 由于产品市场抽查不合格率可直接从官方数据统计资料中获得，此处选择产品市场抽查不合格率进行统计。

5. 企业景气指数

2012—2015 年的企业景气指数数据来源及指标值见表 6－5。

表 6－5　企业景气指数数据

年份	来源	结果/%
2012	广州市工业和信息化委员会网站，网址：http://www.gzii.gov.cn/gzgxw/gzddqypmi/201302/849e3d752b0741e4940157c99a5e6d4b.shtml	48.78
2013	《广州年鉴（2014）》	50.64
2014	《广州年鉴（2015）》	50.79
2015	广州市工业和信息化委员会网站，网址：http://www.gzii.gov.cn/gzgxw/gzddqypmi/201601/02855d24b55345d798167a077333398d.shtml	50.43

6. 单位产值能耗

2012—2015 年的单位产值能耗数据来源及指标值见表 6－6，其中 2015 年的数据暂缺。

表 6－6　单位产值能耗数据

年份	来源	结果/（吨标准煤·万元$^{-1}$）
2012	广州统计信息网统计年鉴 2014，参考网址：http://210.72.4.52/gzStat1/chaxun/njsj.jsp	0.5062
2013	广州统计信息网统计年鉴 2015，参考网址：http://210.72.4.52/gzStat1/chaxun/njsj.jsp	0.3614
2014	广州统计信息网统计年鉴 2016，参考网址：http://210.72.4.52/gzStat1/chaxun/njsj.jsp	0.3475
2015	/	缺失

7. 质量损失率

2012—2015 年的质量损失率数据，暂时无法获取。数据缺失处理办法见下文第二节。

8. 研发及技术改造经费比重

2012—2015 年的研发及技术改造经费比重数据来源及指标值见表 6-7。

表 6-7　研发及技术改造经费比重数据

年份	来源	结果/%
2012	《广州统计信息手册 2013》	0.86
2013	《广州统计信息手册 2014》	0.83
2014	《广州统计信息手册 2015》	0.89
2015	《广州统计信息手册 2016》	0.94

9. 万人发明专利拥有量

2012—2015 年的万人发明专利拥有量数据来源及指标值见表 6-8。

表 6-8　万人发明专利拥有量数据

年份	来源	结果/(件·万人$^{-1}$)
2012	广州市统计局、国家统计局广州调查队发布的《广州市 2012 年国民经济和社会发展统计公报》：发明专利申请 9816 件，发明专利授权 4036 件。 来源网址：http://www.gzstats.gov.cn/tjgb/qstjgb/201304/t20130401_427.html 《广州统计信息手册 2015》，2012 年末社会从业人数 751.30 万人。	5.37

续表 6-8

年份	来源	结果/(件·万人$^{-1}$)
2013	广州市统计局发布的《2013 年广州市国民经济和社会发展统计公报》：发明专利申请 12156 件，发明专利授权 4055 件。 来源网址：http://www.gzstats.gov.cn/tjsj_tjxxsc/201510/P020151009555268804958.pdf 《广州统计信息手册 2014》：2013 年末社会从业人数 759.93 万人。	5.37
2014	广州市统计局发布的《2014 年广州市国民经济和社会发展统计公报》：发明专利申请 14589 件，发明专利授权 4590 件。 来源网址：http://www.gzstats.gov.cn/tjgb_qstjgb/201503/P020150326536421380647.doc 《广州统计信息手册 2015》：2014 年末社会从业人数 784.84 万人。	5.85
2015	《广州年鉴 2016》：2015 年广州市发明专利申请合计 20087 件，发明专利授权合计 6626 件。 来源网址：http://www.guangzhou.gov.cn/node_450/node_724/2015nj/html/1171.htm 《广州统计信息手册 2016》：2015 年末社会从业人数 810.99 万人。	8.16

10. 劳动生产率

2012—2015 年的劳动生产率数据来源及指标值见表 6-9。

表 6－9　劳动生产率数据

年份	来源	结果/(元・人$^{-1}$)
2012	《广州统计信息手册 2013》	272 724
2013	《广州统计信息手册 2014》	289 951
2014	《广州统计信息手册 2015》	322 896
2015	《广州统计信息手册 2016》	343 152

第二节　三级指标缺失数据处理

由于统计年鉴无记录、政府报告没有公示等，某些年份的数据缺失。对于缺失数据我们将采取以下原则处理：

（1）对于 2015 年的缺失数据，使用 2014 年的数据代替；

（2）对于 2012 年的缺失数据，使用 2013 年的数据代替；

（3）对于 2013 年或 2014 年的缺失数据，使用缺失年的前后两年数据的算术平均值代替；

（4）对于所有年份都缺失的数据，使用当年的其他指标数据标准化后的平均值代替。

下文是对缺失的数据的处理。

1. 产品监督抽查合格率

2015 年产品监督抽查合格率数据缺失，该年数据使用 2014 年数据代替，如表 6－10 所示。

表 6－10　产品监督抽查合格率数据处理

单位：%

年份	源数据	数据处理
2012	89. 8	89. 8
2013	89. 6	89. 6
2014	92. 2	92. 2
2015	缺失	92. 2

2. 产品市场抽查不合格率

2013 年产品市场抽查不合格率数据缺失，该年数据使用 2012 年和 2014 年算术平均值代替，如表 6－11 所示。

表 6－11　产品市场抽查不合格率数据处理

单位：%

年份	源数据	数据处理
2012	14.59	14.59
2013	缺失	18.20
2014	21.80	21.80
2015	18.75	18.75

3. 消费者感受程度

2012 年和 2013 年数据缺失，这两年数据使用 2014 年数据代替，如表 6－12所示。

表 6－12　消费者感受程度数据处理

单位：%

年份	源数据	数据处理
2012	缺失	77.70
2013	缺失	77.70
2014	77.70	77.70
2015	81.64	81.64

4. 单位产值能耗

2015 年的单位产值能耗数据缺失，该年数据使用 2014 年数据代替，如表 6－13 所示。

表 6－13　单位产值能耗数据处理

单位：（吨标准煤·万元$^{-1}$）

年份	源数据	数据处理
2012	0.5062	0.5062
2013	0.3614	0.3614
2014	0.3475	0.3475
2015	缺失	0.3475

5. 质量损失率

2012—2015 年的质量损失率数据缺失，根据缺失数据处理原则，用其他指标数据标准化处理后的平均值代替，如表 6－14 所示。

表 6－14　质量损失率数据处理

单位:%

年份	源数据	数据处理
2012	缺失	74. 9
2013	缺失	77. 5
2014	缺失	79. 1
2015	缺失	79. 6

第三节　三级指标数据标准化处理

为了消除三级指标的不同量纲和数量级别差异对最终制造业质量发展指数运算的影响，可以通过实施第五章第五节所介绍的标准化转换方法将各种不同性质指标值转化为基于百分制得分的标准化数据。以下将采用标准化转换方法对原始数据进行标准化处理。

1. 产品监督抽查合格率

产品监督抽查合格率数据为正向指标。使用与广州同等规模城市，如北京、上海和深圳的数据，对该指标进行标准化处理。标准化处理结果如表 6－15 所示。

表 6－15　产品监督抽查合格率标准化处理

单位:%

年份	源数据	标准化处理
2012	89. 8	84. 7
2013	89. 6	84. 4
2014	92. 2	87. 2
2015	92. 2	87. 2

2. 产品市场抽查合格率

由于前文选取的产品市场抽查不合格率数据为逆向数据，使用与广州同等规模城市，如北京、上海和深圳的数据对该指标进行标准化处理后，通过简单计算得到产品市场抽查合格率，其标准化处理结果如表6－16所示。

表6－16 产品市场抽查合格率标准化处理

单位：%

年份	源数据	标准化处理
2012	14.59	83.3
2013	18.20	86.7
2014	21.80	88.1
2015	18.75	86.7

3. 消费者感受程度

消费者感受程度为正向数据，使用与广州同等规模城市，如北京、上海和深圳的数据，对该指标进行标准化处理。标准化处理结果如表6－17所示。

表6－17 消费者感受程度标准化处理

单位：%

年份	源数据	标准化处理
2012	77.70	76.4
2013	77.70	76.4
2014	77.70	76.4
2015	81.64	80.3

4. 主营业务利润率

主营业务利润率为正向数据，使用与广州同等规模城市，如北京、上海和深圳的数据，对该指标进行标准化处理。标准化处理结果如表6－18所示。

表 6－18　主营业务利润率标准化处理

单位:%

年份	源数据	标准化处理
2012	5.25	62.5
2013	6.39	73.9
2014	6.37	73.7
2015	6.37	73.7

5. 企业景气指数

企业景气指数为正向数据，使用与广州同等规模城市，如北京、上海和深圳的数据，对该指标进行标准化处理。标准化处理结果如表 6－19 所示。

表 6－19　企业景气指数标准化处理

单位:%

年份	源数据	标准化处理
2012	48.78	61.7
2013	50.64	69.6
2014	50.79	71.8
2015	50.43	66.4

6. 单位产值能耗

单位产值能耗为逆向数据，使用与广州同等规模城市，如北京、上海和深圳的数据，对该指标进行标准化处理。标准化处理结果如表 6－20 所示。

表 6－20　单位产值能耗标准化处理

年份	源数据（吨标准煤·万元$^{-1}$）	标准化处理/%
2012	0.5062	77.4
2013	0.3614	79.6
2014	0.3475	79.8
2015	0.3475	79.8

7. 质量损失率

质量损失率为逆向数据，使用与广州同等规模的城市，如北京、上海和深圳的数据，对该指标进行标准化处理。标准化处理结果如表 6－21 所示。

表 6－21　质量损失率标准化处理

单位:%

年份	源数据	标准化处理
2012	74.9	74.9
2013	77.5	77.5
2014	79.1	79.1
2015	79.6	79.6

8. 研发及技术改造经费比重

研发及技术改造经费比重为正向数据，使用与广州同等规模城市，如北京、上海和深圳的数据，对该指标进行标准化处理。标准化处理结果如表 6－22 所示。

表 6－22　研发及技术改造经费比重标准化处理

单位:%

年份	源数据	标准化处理
2012	0.86	76.2
2013	0.83	73.1
2014	0.89	79.5
2015	0.94	84.3

9. 万人发明专利拥有量

万人发明专利拥有量为正向数据，使用与广州同等规模城市，如北京、上海和深圳的数据，对该指标进行标准化处理。标准化处理结果如表 6－23 所示。

表 6－23　万人发明专利拥有量标准化处理

单位：%

年份	源数据	标准化处理
2012	5.37	75.4
2013	5.37	75.4
2014	5.85	75.9
2015	8.16	78.2

10. 劳动生产率

劳动生产率为正向数据，使用与广州同等规模城市，如北京、上海和深圳的数据，对该指标进行标准化处理。标准化处理结果如表 6－24 所示。

表 6－24　劳动生产率标准化处理

年份	源数据/（元·人$^{-1}$）	标准化处理/%
2012	272 724	76.7
2013	289 951	78.6
2014	322 896	79.6
2015	343 152	80.1

第四节　指标数据计算

使用上一节三级指标数据标准化处理结果对三级指标数据进行汇总，结果如表 6－25 所示。

表 6－25　三级指标数据汇总表

单位：%

年份	产品监督抽查合格率	产品市场抽查合格率	消费者感受程度	主营业务利润率	企业景气指数	单位产值能耗	质量损失率	研发及技术改造经费比重	万人发明专利拥有量	劳动生产率
2012	84.7	83.3	76.4	62.5	61.7	77.4	74.9	76.2	75.4	76.7
2013	84.4	86.7	76.4	73.9	69.6	79.6	77.5	73.1	75.4	78.6
2014	87.2	88.1	76.4	73.7	71.9	79.8	79.1	79.5	75.9	79.6
2015	87.2	86.7	80.3	73.7	66.5	79.8	79.6	84.3	78.2	80.1

使用第五章第四节中的三级指标计算方法和第四章第四节所得三级指标权重对表 6－25 的三级指标数据进行加权汇总，所得结果如表 6－26 所示。

表 6－26　三级指标数据加权汇总表

单位：%

年份	产品监督抽查合格率	产品市场抽查合格率	消费者感受程度	主营业务利润率	企业景气指数	单位产值能耗	质量损失率	研发及技术改造经费比重	万人发明专利拥有量	劳动生产率
2012	15.1	14.9	7.8	5.6	1.6	6.2	2.7	13.6	5.8	3.7
2013	15.1	15.5	7.8	6.6	2.7	6.4	2.7	13.1	5.8	3.8
2014	15.6	15.8	7.8	6.6	2.8	6.4	2.7	14.2	5.8	3.9
2015	15.6	15.5	8.2	6.6	2.6	6.4	2.7	15.1	6.0	3.9

使用第五章第三节中的二级指标计算方法将表 6－26 的三级指标数据加权后所得结果直接相加汇总到二级指标，所得结果如表 6－27 所示。

表 6－27　二级指标汇总表

单位:%

年份	产品实物质量	市场表现与消费者感受	质量管理水平	质量创新能力
2012	84.0	68.5	76.8	76.1
2013	85.6	74.2	79.1	74.6
2014	87.7	74.6	79.6	78.6
2015	87.0	75.4	79.8	82.1

使用第四章第四节中所得二级指标权重计算结果对表 6－27 中二级指标进行加权汇总，所得结果如表 6－28 所示。

表 6－28　二级指标加权汇总表

单位:%

年份	产品实物质量	市场表现与消费者感受	质量管理水平	质量创新能力
2012	30.0	15.1	8.9	23.1
2013	30.6	17.2	9.0	22.7
2014	31.3	17.3	9.1	23.9
2015	31.1	17.5	9.1	24.9

根据第五章第二节中一级指标计算方法，将表 6－28 中二级指标加权后所得结果直接相加得到最终广州市制造业质量发展指数，如表 6－29 所示。

表 6－29　广州市制造业质量发展指数

年份	质量发展指数
2012	77.2
2013	78.9
2014	81.0
2015	82.0

第五节　实证分析

1．总体情况分析

如图 6－1 所示，广州市的质量发展指数逐年稳步提升，其中 2012 年质量发展指数为 77.2、2013 年为 78.9、2014 年为 81.0、2015 年为 82.0。

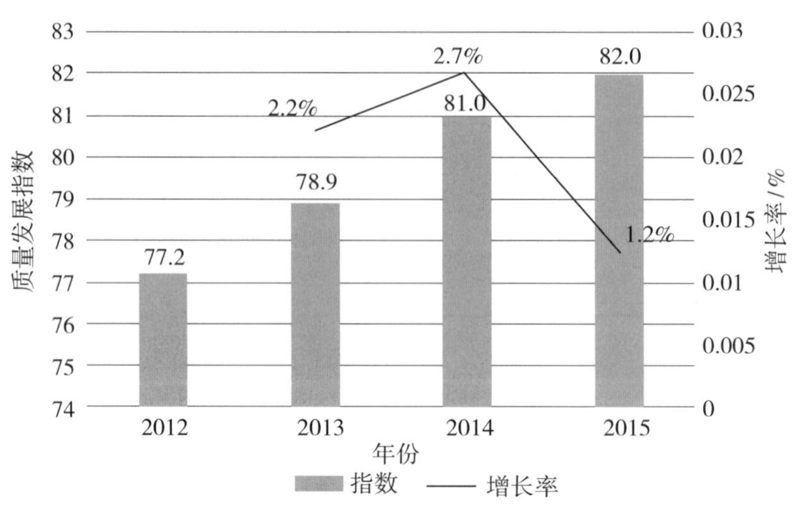

图 6－1　广州市 2012—2015 年质量发展指数

通过上图我们可以看到广州市的质量发展指数呈逐年上升态势，而 2014 年增长率较 2013 年有所提升，但是 2015 年增长率比 2014 年有较大下降。

2．二级指标分析

图 6－2 为 2012—2015 年产品实物质量、市场表现与顾客感受、质量管理水平、质量创新能力这四个二级指标的趋势汇总图。

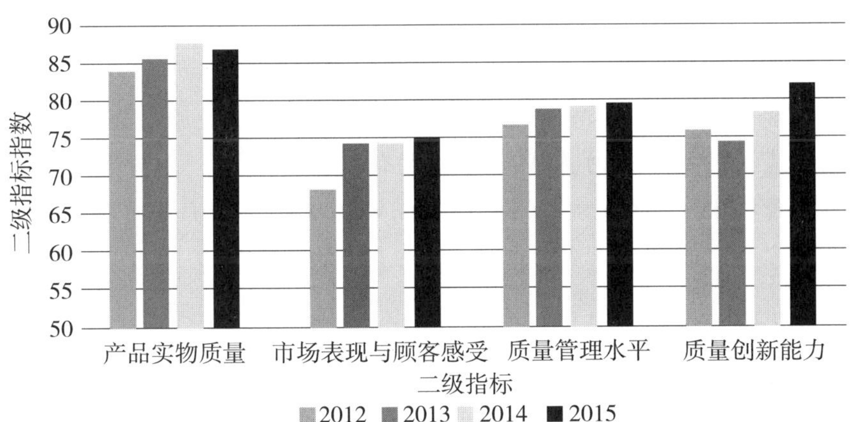

图 6－2　2012—2015 年广州市制造业质量发展指数二级指标汇总

通过图 6－2 我们可以看出产品实物质量在二级指标中得分最高，而市场表现与顾客感受得分最低；产品实物质量稳步上升，但在 2015 年有所下降；市场表现与顾客感受表现呈逐年上升态势并且在 2015 年有所加速；质量管理水平稳步上升，但是 2015 年的增速放缓；质量创新能力自 2013 年呈加速上升态势。

3. 三级指标分析

图 6－3 为 2012—2015 年广州市制造业质量发展指数三级指标的趋势汇总图。

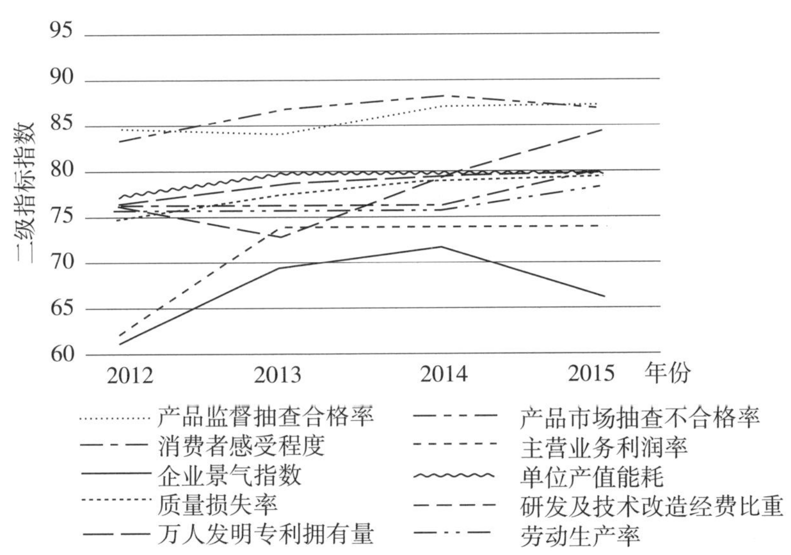

图 6－3　2012—2015 年广州市制造业质量发展指数三级指标趋势汇总

通过图6－3，我们可以看到广州市的质量发展指数的各项指标之间分差最大达到20分以上。其中产品监督抽查合格率与产品市场不合格率两个指标均处于高位；消费者感受程度、单位产值能耗、质量损失率、研发及技术改造经费比重、万人发明专利拥有量、劳动生产率处于中间水平，其中研发及技术改造的经费比重自2013年逐年稳步提升，在2015年已经接近最高得分；主营业务利润率2015年较2012年有较大提升，已接近中间水平；而企业景气指数则波动较大，在2014年开始出现下降。

第七章 /
结论与建议

第一节　结论

本研究在对国内外质量发展指数进行大量研究的基础上，以广州为样本对制造业质量发展情况进行研究，提出了具有广州特色的指数。通过测算2012—2015年的指数，验证了广州市制造业质量发展指数模型的科学性和先进性，为其他城市或地区的制造业质量发展水平评估提供了良好的借鉴。

同时，也能深刻地认识到经济结构从规模速度型向质量效率型的转变对广州市制造业带来的机遇与挑战。广州市制造业的发展要突出创新驱动和质量引领，在更高水平上推动质量的稳定增长、可持续的全面发展，努力建成现代化创新型城市。政府部门宜深化产品实物质量提升，提高市场表现与消费者感受，加大对质量管理水平和质量创新能力的建设，以持续提升广州市制造业发展质量，促进广州经济转型升级，积极发挥广州市制造业可持续发展的作用，使广州市制造业在质量上取得新的突破。

本研究具有以下几方面的创新。

1. 首次提出广州市制造业质量发展指数

首次提出广州市制造业质量发展指数，用指数表示广州市的制造业质量竞争力状况，用定量评价结果来衡量广州市制造业质量发展的状态，以挖掘广州市制造业质量竞争力发展的潜力，探索提升广州市制造业质量发展的新路径。

2. 创新广州市制造业质量发展指数测评模型

目前国内外探讨质量指数化测评方法还不多，在研究国内外质量发展相关指数的基础上，创新广州市制造业质量发展指数测评模型，构建4个二级指标的体系，突破了微观研究界限，并构建了二级指标的模型，解释其如何实现制造业质量发展的持续改进提升。同时，通过实际统计数据验证模型，测算广州市制造业质量发展指数。

3. 形成广州市制造业质量发展指数完整的指标体系

在建立了广州市制造业质量竞争发展指数模型之后，针对质量发展指数评价的各个二级指标设计科学、易于测量、基本相对独立的 10 个三级指标，突出质量创新对制造业质量发展的带动作用，阐述了各个三级指标的基本含义、评价目标和数据采集办法，解释如何计算和量化指标。

第二节 建议

广州市制造业质量发展指数取得了阶段性成果，下一步应加大推广力度，深化研究，提升其影响力和公信力，促进广州市制造业发展和转型升级。本研究提出的建议如下。

1. 将广州市制造业质量发展指数纳入政府质量工作考核体系

建议推动将广州市制造业质量发展纳入政府绩效考核评价体系内，特别是政府质量工作考核指标体系，使之成为考核验收的一项重要指标，提升指标的影响力，形成各级政府重视该指数的氛围，助力广州市制造业迈进中高端领域。

2. 定期发布广州市制造业质量发展指数

建立广州市制造业质量发展指数发布制度，定期发布指数和相关报告，使政府和社会大众了解广州制造业质量发展状况，为政府制定广州市制造业发展的政策和措施提供参考。同时，也能提高各级政府对该指数的支持力度，实现广州市制造业质量发展指数发布的常态化。

3. 增加广州市制造业质量发展指数研究经费投入

将广州市制造业质量发展指数研究和发布经费纳入政府财政预算，设立制造业质量发展战略专项资金，加大对指数的宣传力度，提升其影响力；进一步深化制造业质量发展研究，根据经济社会发展情况及时修正指标体系。同时深化与其他经济发展水平高的城市合作，以获取这些城市（如北京、上海、深圳）的相关数据；通过与其他城市的横向比较，查找广州市制造业质量发展的差距，更有针对性地提出可持续发展的对策和建议，使广州市制造业质量发展指数成为广州制造业发展的晴雨表。

4. 建立健全数据库

上述研究存在部分数据缺失的问题，包括 2015 年产品监督抽查合格率，2013 年产品市场抽查不合格率、2012 年和 2013 年消费者感受程度、2015 年单位产值能耗等。因此，需要完善指数各指标原始数据的采集，建立完整的数据库，推动原始数据统计与采集的规范化，保障数据的连续性，实施大数据战略，提升指数分析质量。

5. 开展专项调研工作

广州市制造业质量发展指数与企业和消费者息息相关，消费者感受程度以及质量损失率的原始数据来自客观调查，为保障指数的科学性，建议开展消费者感受程度与质量损失率专项调查，更好地了解企业质量发展现状、消费者的感受与期望，弥补常规报表的不足，及时为准确判断制造业发展形势，为经济运行调节工作提供决策依据。

参考文献

[1] 卡马耶夫. 经济增长的速度和质量 [M]. 武汉：湖北人民出版社，1983.

[2] Juran J M. Juran on planning for quality [M]. New York: Collier Macmillan, 1988.

[3] Taguchi G, Wu Y. Introduction to off-line quality control [M]. Journal of Food Protection, 1979, 51 (6): 449 -451.

[4] Segerstrom P S, Anant T C A, Dinopoulos E. A Schumpeterian model of the product life cycle [J]. The American Economic Review, 1990: 1077 -1091.

[5] Grossman G M, Helpman E. Trade, knowledge spillovers and growth [J]. European economic review, 1991, 35 (2 -3): 517 -526.

[6] Aghion P, Howitt P. A Model of Growth Through Creative Destruction [J]. Econometrica, 1992, 60 (2): 323 -351.

[7] 马小平. 宏观质量管理与质量竞争力研究——以江苏为例 [D]. 南京：南京理工大学, 2008.

[8] 刘海英. 中国经济增长质量研究 [J]. 长春：吉林大学, 2005.

[9] Beaumont A G, Libiszewski D. A prescription for quality [J]. Manufacturing Engineer, 1993, 37: 18.

[10] Bergendahl S, Wachtmeister A. Creating an Index [J]. Managing Service Quality, 1993: 19 -22.

[11] Anderson E W, Fornell C. Foundations of the American customer satisfaction index [J]. Total quality management, 2000, 11 (7): 869 -882.

[12] Brecka J. The American customer satisfaction index [J]. Quality Progress, 1994, 27 (10): 41.

[13] Stein-Hudson K E, Sloane R K, Jackson M C, et al. Customer-based quality in transportation [M]. Transportation Research Board, 1995.

[14] Ellis L W, Curtis C C. Measuring customer satisfaction [J]. Research Technology Management, 1995, 38 (5): 45 -48.

[15] Alexander B R. How to construct a service quality index in performance-based ratemaking [J]. The Electricity Journal, 1996, 9 (3): 46 -53.

[16] Low L, Aw T C. Housing a healthy, educated, and wealthy nation through the CPF [M]. Institute of Policy Studies, 1997.

[17] Kmuar A, Stecke E, KMotwani J . A Quality Index-Based Methodology for Improving Competitiveness: Analytical Development and Empirical Validation [M]. Ann Arbor:: University of Michigan Business School, 2002: 7 -8.

[18] Fagerberg J. Technological progress, structural change and productivity growth: a comparative study [J]. Structural change and economic dynamics, 2000, 11 (4): 393 -411.

[19] Brust P J, Gryna F M. Quality and economics: five key issues [J]. Quality progress, 2002, 35 (10): 64.

[20] Domingo L R, Aurell M J, Pérez P, et al. Quantitative characterization of the global electrophilicity power of common diene/dienophile pairs in Diels-Alder reactions [J]. Tetrahedron, 2002, 58 (22): 4417 -4423.

[21] 程虹. 2012 年中国质量状况——消费者感知与模型构建 [J]. 宏观质量研究, 2013, 1 (1): 33 -48.

[22] Noll H H. Social indicators and quality of life research: Background, achievements and current trends [M]. Wiesbaden: VS Verlag für Sozialwissenschaften, 2004: 151 -181.

[23] Easterlin R A, Angelescu L. Happiness and growth the world over: time series evidence on the happiness-income paradox [J]. 2009 (4060).

[24] Wang Z, Li Q. Information content weighting for perceptual image quality assessment [J]. IEEE Transactions on Image Processing, 2011, 20 (5): 1185 -1198.

[25] 托马斯, 等. 增长的质量 [M]. 北京: 中国财政经济出版社, 2001.

[26] Barro R J. Human capital and growth [J]. American economic review, 2001, 91 (2): 12 -17.

[27] Bils M, Klenow P J. Quantifying quality growth [R]. National Bureau of Economic Research, 2000.

[28] 牛文元. 中国 GDP 质量指数 [J]. 中国科学院院刊, 2011, 26 (5): 516 -525.

[29] 任保平, 钞小静, 魏婕. 中国经济增长质量报告 (2012) ——中国经济增长质量指数及省区排名 [J]. 2012.

[30] Fornell C. A national customer satisfaction barometer: the Swedish experience [J]. The Journal of Marketing, 1992: 6-21.

[31] Fornell C, Johnson M D, Anderson E W, et al. The American customer satisfaction index: nature, purpose and findings [J]. The Journal of Marketing, 1996: 7-18.

[32] Frank B, Enkawa T. How economic growth affects customer satisfaction [J]. Asia Pacific Management Review, 2008, 13 (2): 531-544.

[33] Fornell C, Mithas S, Morgeson Ⅲ F V, et al. Customer satisfaction and stock prices: High returns, low risk [J]. Journal of marketing, 2008, 70 (1): 3-14.

[34] Grönroos C. A service quality model and its marketing implications [J]. European Journal of marketing, 1984, 18 (4): 36-44.

[35] 任保平. 中国经济增长质量报告（2011）：中国经济增长包容性. [M]. 北京：中国经济出版社，2011.

[36] Ashok K, Kathryn E S, Jaideep M, et al. A quality index based methodology for improving competitiveness: analytical development and empirical validation [D]. University of Michigan Business School, 2002.

[37] Claes F. Boost stock performance, nation's economy [J]. Quality Progress, 2003 (2): 25-31.

[38] Ennew C T, Reed G V, Binks M R. Importance-performance analysis and the measurement of service quality [J]. European journal of marketing, 1993, 27 (2): 59-70.

[39] Combe I A, Botschen G. Strategy theories for the management of quality: dealing with complexity in relation services [J]. Resarch Gate, 2000.

[40] Coulson-Thomas C. Quality, corporate governance and ethics [J]. Quality Times, 2011, 16 (3): 9-12.

[41] Fagerberg J. Europe at the crossroads: the challenge from Innovation-based Growth [J]. Working Papers on Innovation Studies, 2000: 45-61.

[42] Cockburn J, Siggel E, Coulibaby M, et al. Measuring Competitiveness and its sources: the case of mali's manufacturing sector [J]. Canadian Journal of Development Studies, 1999, 2013): 491-519.

[43] Juran J M. Juran on leadership for quality [M]. New York: Simon and Schuster, 2003.

[44] Greenan K, Humphreys P, McIvor R. The green initiative: improving quality and competitiveness for European SMEs [J]. European Business Review, 1997, 97 (5): 208 - 214.

[45] Porter M E. Enhancing the microeconomic foundations of prosperity: the current competitiveness Index [R]. Quality Progress, 2002.

[46] Dugan M W. Measuring quality in the department of defense [J]. Quality Progress, 2002 (1): 90 - 93.

[47] Mylonas P, Malliaropalos D. Competing on quality, Greek service exports gain market share [J]. National Bank of Greece, Jan, 2003, 41 (1).

[48] Brust P J, Gryna F M. Quality and economics: five key issues [J]. Quality Progress, 2002, 35: 64 - 69.

[49] Swann P, Taghavi M. Measuring price and quality competitiveness: a study of eighteen british product markets [M]. Ashagete Publishing Company, 1992.

[50] Domingo R T. Global competitiveness through total quality [J/OL]. (2002 - 06 - 22) [2018 - 03 - 15]. www.rtdonline.com.

[51] Hoyer R W, Brooke B Y. What is quality? Learn how each of eight well-known gurus answers this question [J]. Quality Progress, 2001.

[52] 薄香芳. 基于卓越绩效模式的企业质量竞争力培育研究 [D]. 太原: 山西财经大学, 2006.

[53] 程虹. 我国经济增长从"速度时代"转向"质量时代" [J]. 宏观质量研究, 2014 (4): 1 - 12.

[54] 成巧云. 农业供水企业经营绩效评价研究 [D]. 长沙: 长沙理工大学, 2006.

[55] 丁黎明, 朱海英, 钱爽. 如何加强产品质量监督抽查工作机制 [J]. 科技传播, 2011, 8: 53.

[56] 东土. 产品质量监督抽查, 保证产品质量的有效法律措施 [J]. 福建质量技术监督, 2005 (10): 15 - 19.

[57] 范国勇. 机床企业营销渠道绩效评价指标体系研究 [D]. 沈阳: 沈阳工业大学, 2007.

[58] 国家宏观质量水平评价指标体系研究课题组. 质量竞争力研究与应用 [M]. 北京: 中国计量出版社, 2009.

[59] 胡宁. 沈阳产品质量监管问题与对策 [D]. 沈阳：东北大学，2011.

[60] 黄艳蓉. 营销力评价指标体系构建及模型研究 [D]. 武汉：武汉理工大学，2007.

[61] 黄艳蓉. 运用层次分析法确定营销力评价指标权重 [J]. 经济研究导刊，2014 (27)：79-82.

[62] 黄迎栋. 从主营业务利润率寻找企业的核心竞争力 [J]. 经济师，2006 (12)：208-209.

[63] 蒋家东. 企业质量竞争力研究 [J]. 航空标准化与质量，2005 (2)：13-17.

[64] 蒋家东. 企业质量竞争力的内涵及其评价方法 [J]. 航空标准化与质量，2005 (3)：17-21.

[65] 李菲. 制造业国际竞争力显示性指标体系的构建 [J]. 商场现代化，2006，10 (488)：17.

[66] 李健. 产品质量监督抽查有效性研究 [D]. 济南：山东大学，2013.

[67] 李应振，李玉举. 劳动生产率和贸易竞争力的实证研究——基于我国33个工业行业1998—2009年数据 [J]. 经济体制改革，2011 (2)：102-106.

[68] 李旺林. 我国制造企业主营业务利润质量评价体系研究与设计 [D]. 北京：中国农业大学，2005.

[69] 刘光明，杨森. 企业质量管理与国家质量竞争力研究 [J]. 浙江树人大学学报，2013 (1)：52-59.

[70] 马利军. 企业竞争力评价方法及应用研究 [D]. 合肥：中国科学技术大学，2003.

[71] 毛帅. 城市工业产品质量对经济的贡献及其评价研究 [D]. 徐州：中国矿业大学，2013.

[72] 倪敏. 十五期间国家监督抽查上海产品合格率统计分析 [D]. 上海：华东师范大学，2007.

[73] 彭军. 产品质量监督抽查制度有效性研究 [D]. 北京：北京交通大学，2007.

[74] 齐静，于鹏，柳士鑫. 施工企业质量损失率管理的探讨 [J]. 石油工业技术监督，2014，30 (12)：19-22.

[75] 綦晓卿. 专利视角下的青岛市科技创新能力评价 [D]. 青岛：青岛科技大学，2013.

[76] 秦丽. 质量成本管理在 YX 集团公司的应用研究 [D]. 北京：首都经济贸易大学, 2010.

[77] 申社芳. 对企业景气调查的再认识 [J]. 兰州商学院学报, 2003, 19 (4): 65 -67.

[78] 田祖荫. 贫困地区教育发展与经济增长——国际比较与经验借鉴 [D]. 天津：南开大学, 2008.

[79] 王丽珍. 汽车售后服务水平竞争力的评价与研究 [D]. 西安：长安大学, 2011.

[80] 王震. 地区质量竞争力评价模型构建 [D]. 济南：山东大学, 2010.

[81] 王转建, 黄攸立. 层次分析法在岗位价值评估中的应用 [J]. 价值工程, 2004 (1): 47 -49.

[82] 吴易风, 朱勇. 内生增长理论的新发展 [J]. 中国人民大学学报, 2000 (5): 25 -32.

[83] 邢俊生. 综合评价系统设计与实现 [D]. 北京：北京工商大学, 2009.

[84] 袁海波. 项目代建制下的代建单位遴选研究 [D]. 长沙：中南大学, 2007.

[85] 于希鹏. 提高政府产品质量监督有效性的研究 [D]. 济南：山东大学, 2010.

[86] 张瑶. 从重大技术装备企业被并购看我国产业安全问题 [D]. 西安：西安石油大学, 2011.

[87] 赵永海. 论饭店服务质量评价指标体系的建立和应用 [D]. 合肥：中国科学技术大学, 2002.

[88] 郑晶. 区域经济一体化的经济增长效应研究 [D]. 天津：南开大学, 2009: 189.

[89] 周长城, 任娜. 经济发展与主观生活质量——以北京、上海、广州为例 [J]. 武汉大学学报 (哲学社会科学版), 2006, 59 (2): 259 -264.

[90] 仲建兰. 基于 QCI 的中国高星级酒店质量竞争力评价的实证研究 [D]. 泉州：华侨大学, 2010.

[91] 朱智勇. 我国产品质量监督检查法律制度研究 [D]. 郑州：郑州大学, 2007.

后　记

本书写作时采用的2012—2015年的统计数据，当时广州市制造业质量发展指数所涉及的2016年广州统计数据尚未发布，因此尚未对2016年的统计数据进行分析。接下来，待2016年广州市制造业质量发展指数各指标涉及的统计数据都发布后，我们将依据最新数据对内容进行校对、调整，确保使用更完整的数据进行全面科学分析。

我们希望本书的出版能够引起更多的专家和学者关注广州制造业质量的发展，不断提升广州制造业质量发展指数理论研究能力，为广州制造业质量的提升出谋划策，通过社会各界的共同努力，促进广州制造业质量的跨越发展，最终实现广州从制造业大市向制造业强市的战略转型。

在此，我们要向所有为本课题研究和本书写作给予支持和帮助的单位，向参与课题研讨、座谈的领导、专家，表达我们最诚挚的谢意。

虽然我们为本书的编写倾入了大量的时间和精力，但制造业质量发展指数知识领域博大精深，涉及的知识点较多，且我们研究能力有限，因此，本书难免会存在一些疏漏和不足之处。对此我们真诚地希望得到每一位读者的谅解，同时欢迎各位专家和读者在阅读过程中提出疑问和建议，以利于本书进一步完善。

广州市制造业质量发展指数研究课题组

2017年11月